宝くじを何回も当てた人、億を当てた人の手相

総額13億2000万円の宝くじ当せん者15名が登場！

手相家 けんたろう

宝くじを何回も当てた人、億を当てた人の手相　目次

1章　何回も当てた人の手相

2章 強運手相とは

3章 大きく当てた人の手相

4章 宝くじと手相

※本書は宝くじの当せんを保証するものではありません。
※当せん者の手相やプロフィールは取材当時のものです。

column 1

ジャンボからロト、ナンバーズまで――

宝くじのあれこれ

宝くじは大きく分けて2種類。ジャンボ宝くじなどの普通くじとナンバーズやロトなどの数字選択式宝くじがあります。

●ジャンボ宝くじ……組・番号などがあらかじめ決められた宝くじで、抽せんで決定した当せん番号と一致すると、当せん金を受け取ることができるタイプの宝くじのひとつ。季節ごとに年5回発売され、1等当せん金はジャンボによって異なるものの、およそ7億円！（2021年7月現在）
●ナンバーズ……購入者が自分で数字を選ぶことができるタイプの宝くじのひとつ。ナンバーズ3は000から999までの中から好きな3ケタの数字、ナンバーズ4は0000から9999までの中から好きな4ケタの数字を選ぶ。当せん金はおよそ10～100万円。
●ナンバーズの買い方……各数字と並びの順序が一致する「ストレート」、各数字が一致すれば並びの順序は問わない「ボックス」、ストレートとボックスに半分ずつ申し込む「セット」、下2ケタの数字と並びの順序が一致する「ミニ」(ナンバーズ3のみ）がある。
●ロト……1～31の31個の数字の中から、異なる5個の数字を選ぶミニロト、1～43の43個の数字の中から、異なる6個の数字を選ぶロト6、1～37の37個の数字の中から、異なる7個の数字を選ぶロト7がある。当せん金はおよそ1000万～10億円。
●キャリーオーバー……当せん者がいない等級の当せん金総額、および一口あたりの当せん金があらかじめ定められた最高額を超えた場合の超過額を、次回号の1等当せん金に繰り越す制度で、ロト6とロト7にのみ存在する。
●クイックピック……数字選択式宝くじの買い方のひとつで、コンピューターが自動的に数字を選択する買い方。
●継続買い……同じ買い目を指定した期間、自動的に買う買い方。最大10回分まとめて買うことができる。
（参考／みずほ銀行宝くじホームページ、宝くじ公式サイト）

1章

何回も当てた人の手相

多くの人が「当たりたい！」と願う宝くじ。1回だけでも幸運なのに、何回も当てた奇跡の当せん者が複数登場。果たして彼らの手相にはどんな線が刻まれているのか？

01

profile

何回も当てた人

ロト6
3等63万円

ナンバーズ4
セットストレート3口134万円

当せんの履歴書

フリガナ	ニシキノ　アキラ
氏名	錦野旦
年齢	72 歳

現住所
東京都

年	月	当せん歴	等級	当せん金額
2005	6	第1585回ナンバーズ4	セットストレート3口	134万7,000円
2006	10	第1926回ナンバーズ3	ストレート3口	17万5,500円
2015	3	第954回ロト6	3等	63万3,600円
2015	6	第4170回ナンバーズ4	ストレート	109万9,300円
2019	7	第5217回ナンバーズ4	セットストレート2口	94万4,000円

上記、高額当せんしたものを含めて、総額1,916万2,300円当せんを達成（2021年8月4日現在）

当せんの実績は17ページ参照

profile 02

何回も当てた人

ロト6
2等858万円

ミニロト
1等940万円

当せんの履歴書

フリガナ	リキマル センム
氏名	力丸専務
年齢	69 歳

現住所	東京都

年	月	当せん歴	等級	当せん金額
2005	10	第325回ミニロト	1等	940万7,400円
2008	10	第2454回ナンバーズ3	ストレート+ボックス+ミニ各5口	60万4,000円
2009	1	第2511回ナンバーズ4	セットストレート10口	491万9,000円
2011	12	第3264回ナンバーズ4	ストレート5口	469万4,500円
2017	10	第1220回ロト6	2等	858万8,900円
2018	8	第4979回ナンバーズ3	ストレート+ボックス各2口+ミニ3口	31万9,700円

上記、高額当せんしたものを含めて、総額9,492万200円当せんを達成（2021年8月4日現在）

当せんの実績は17ページ参照

2本の強力な太陽線を持つ
オールマイティ型の
スペシャル金運手相

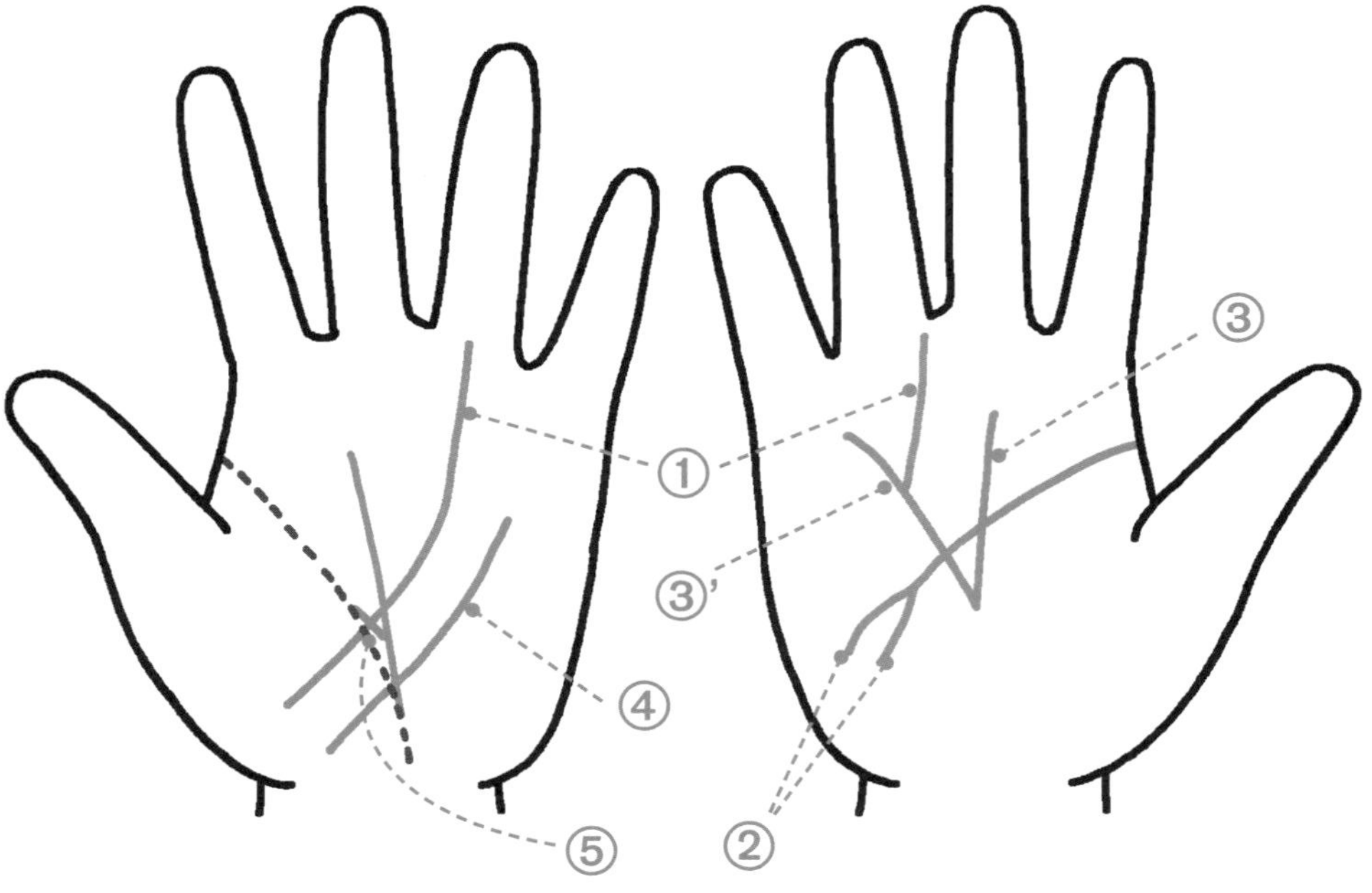

錦野旦
（にしきのあきら）

1948年12月14日生まれ。大分県出身。1970年、「もう恋なのか」でデビュー以来、ジャンルを超えて活躍する"スター"。趣味のロト・ナンバーズでも当せんを重ねる達人でもある。錦野さんのテレビやイベント出演情報やオリジナルグッズについては、にしきのあきら企画ホームページ（https://www.nishikino-kikaku.jp）から。携帯サイト『超速ロト・ナンバーズ』でも大好評連載中。

profile 01

①太陽線	薬指の付け根に昇る縦の線	
	>>>	特に左手の、生命線の内側から昇る太陽線は身内のサポートで名誉や名声を得られるという、太陽線の中ではもっともいい線
②知能線	親指と人差し指の間から出て、手のひらを横切る線	
	>>>	２本に枝分かれした知能線により、芸能活動＋宝くじといった二足のわらじで同時進行することが可能
③運命線	手首から中指に向かって伸びる線	
	>>>	運命線の途中から小指の付け根に向かって財運線（③'）が伸び、運気は神レベルともいわれるほど強力な相である三奇《さんき》紋《もん》の２つを押さえているレア手相。一生お金に困らないほどの財運に恵まれる
④商才線	生命線や運命線の下から小指に向けて弓型に入る線	
	>>>	内側から昇っている身内商才線のため、ともに宝くじで切磋琢磨している奥様・力丸専務の影響が考えられる
⑤お助け十字線	生命線と運命線の間にある十字の線	
	>>>	人を助けて吉の相。例えば医者といった人を助ける職業の才能がある

両手ともに商才線が２本ずつ。人一倍お金を稼ぐ才能に恵まれた、特化型手相

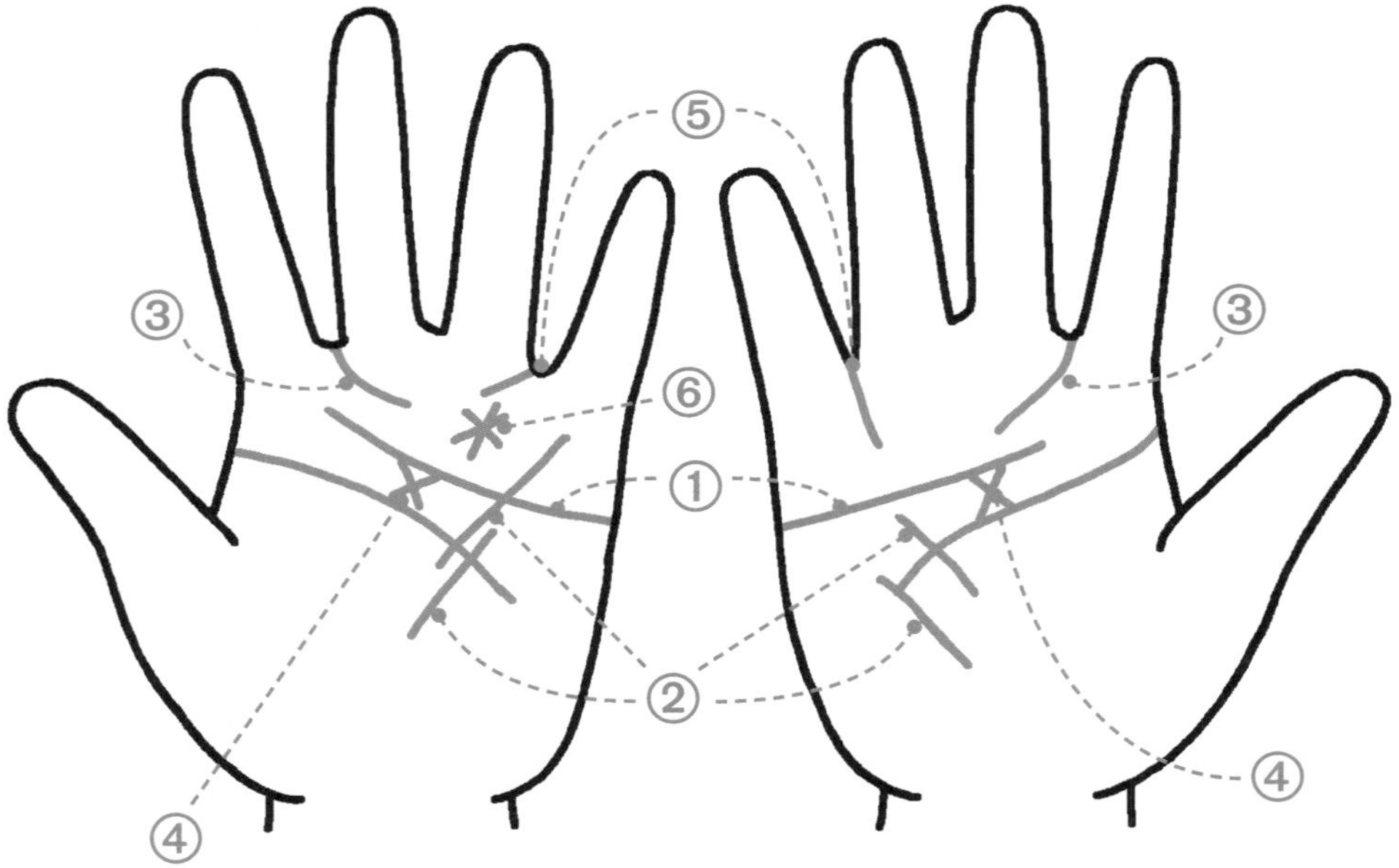

力丸専務
（りきまるせんむ）

7月29日生まれ。キャビンアテンダントを経て、トータルファッションアドバイザーに転身。ファッションはもちろんヘアメイク、身のこなし、ウォーキング、色使いに至るまで、トータルアドバイスができる稀有な存在として、テレビ『ルックルックこんにちは』（日本テレビ系列）で活躍した。現、有限会社にしきのあきら企画の専務取締役にして、錦野さんの奥様。著書『数字選択式宝くじで9500万円当てた力丸専務が教える富も運気も引き寄せる20の極意』（小社刊）が発売中。

profile 02

①変形マスカケ線	知能線と感情線が一体になった線（ただし、一部神秘十字線によりつながる）	
	>>>	**好きなこと、興味のあることを追求することで運気が開ける相**
②商才線	生命線や運命線の下から小指に向けて弓型に入る線	
	>>>	**左右ともに２本ずつ並走するように計４本を持つ。人一倍お金を稼ぐ才能に恵まれる**
③自己アピール線	人差し指と中指の間から薬指と小指の間にかけて弧を描いて伸びる線	
	>>>	**他人に対して自分の魅力をアピールすることが得意。芸能の世界に関わるのは適任と言える**
④神秘十字線	知能線と感情線の間で十字にクロスしている線	
	>>>	**物事を直感で判断していくタイプ。ご先祖様に強力に守られている証でもある**
⑤思慮線	薬指と小指の間から出ている線	
	>>>	**少し話を聞いただけで内容が判断できるほど頭の回転が速い一方、人の話を聞かないと誤解されやすい側面がある**
⑥星形の太陽線	薬指下に縦線で入る普通の太陽線の他に、いくつかの線が米印のように重なる線	
	>>>	**通称、アゲマンの相ともいわれ、配偶者の活躍を後押しするもの。力丸専務の助言で錦野さんが当せんしたケースはこの影響が考えられる**

錦野さんの実際の手相

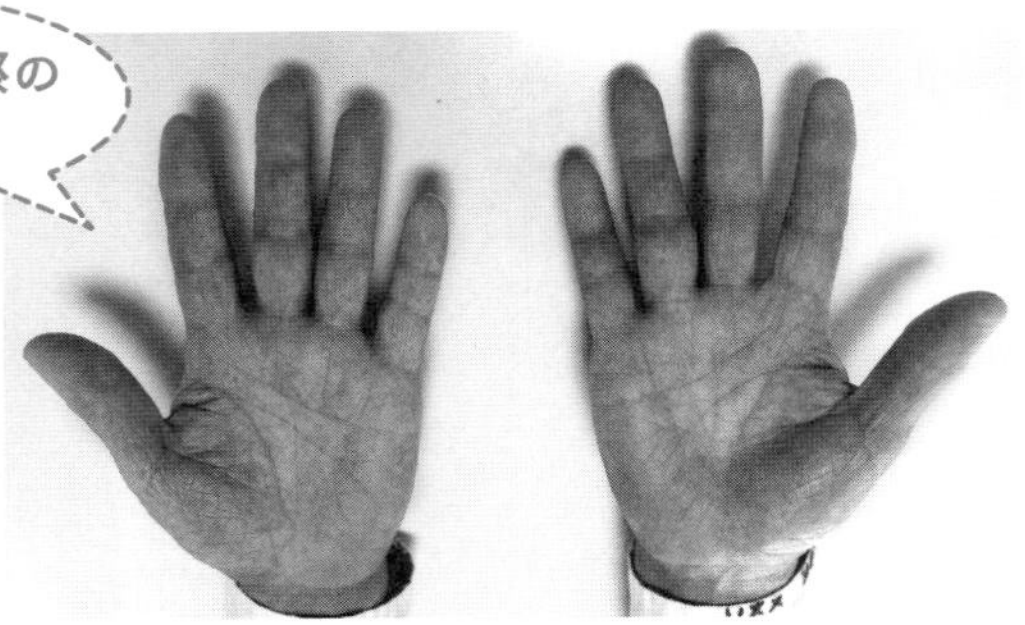

一生お金に困らないほどの財運に恵まれる、滅多にお目にかかれないレア手相

錦野さんの手相はとにかく珍しい相が目を引きます。幸運の線の代名詞である太陽線。先天的な才能を表す左手には、生命線の内側から薬指の付け根に及ぶほどの長い太陽線があります。一方、後天的に身につけた才能を表す右手には末広がりの太陽線が入っています。しかも商才線の途中から枝分かれして太陽線となっているため、総合的に見ても運気アップには最上級の手相といえるでしょう。

続いて右手の運命線。運命線の途中から小指の付け根に向かって財運線が伸びています。これは三奇紋と呼ばれるレア手相です。三奇紋の特徴は、運命線から太陽線と財運線がほうき状に伸びていること。「経営の神様」との異名を持つ松下幸之助氏が持っていたことでも有名で、その運気は神レベルともいわれるほど強力かつ非常に珍しい相なのです。

錦野さんの場合、太陽線の出始めが財運線の途中のため、財運が上がる時期と満足感を得る時期がズレますが、この相を持っているということは一生お金に困らないほど財運に恵まれる可能性を示しています。

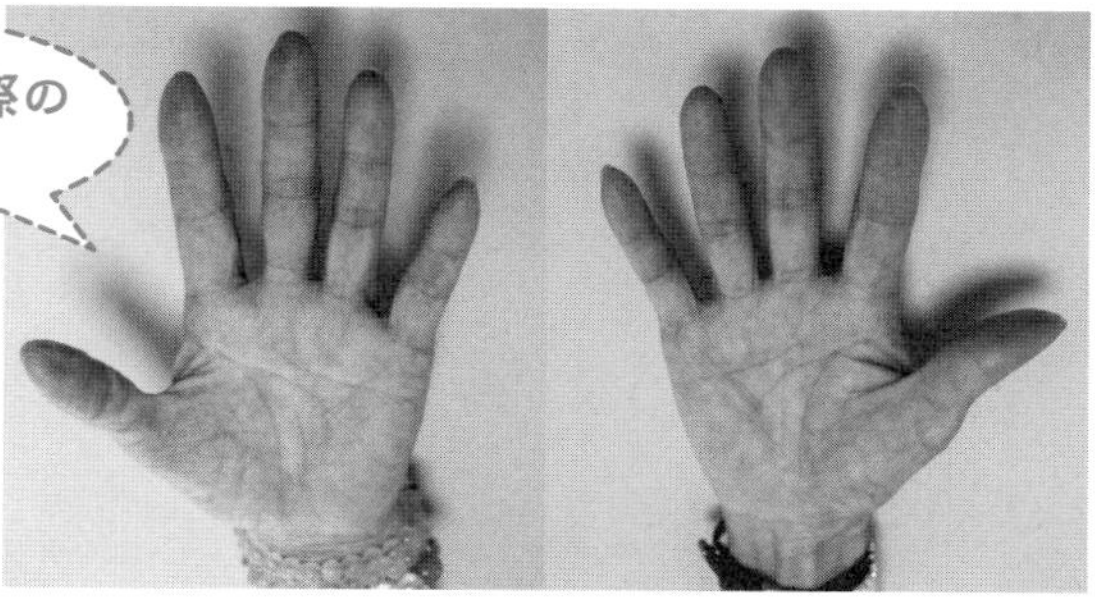

変形マスカケ線と商才線を複数持つ、数字選択式宝くじの申し子

一方、力丸専務の手相で目を引くのは、左右ともにお持ちの変形マスカケ線です。そもそもマスカケ線は好きなこと、興味のあることを追求することで運気が上がる一方で、飽きっぽく、やりたいものがなかなか見つからずに悩む人も多いのが特徴です。

その点、力丸専務は好きなこと＝宝くじ、とはっきりされておられますよね。そうなると、向かうところ敵なしなのがこのマスカケ線。バンバン当たりを叩き出しておられるのは、この変形マスカケ線によるところが大きいと言えるでしょう。

続いて、左右に２本ずつ合計４本ある商才線。１本でもあれば商才に恵まれ、会社経営に向いている線ですが、２本ですから人一倍お金を稼ぐ才能をお持ちということになります。宝くじで儲けることや錦野さんのマネジメントにしても順調に経営していくことができるでしょう。

さらに知能線も長いですから、じっくりと知的活動＝数字選択式宝くじを続けていけば、ますますいい運気になっていくはずです。

錦野さんはオールマイティ型。力丸専務は特化型の相で夫婦バランスよし

お二人の手相を見てみると、ご夫婦としていいバランスの相を持っておられると思いました。力丸専務がお持ちの、好きなことに特化した形の膨大な強運エネルギーを、錦野さんの「強運手相」としては他に類を見ないオールマイティな手相が受け止めているといった印象でしょうか（笑）。もし錦野さんの相がここまでよくなければ、専務のパワーに耐えられず疲弊してしまうでしょう。逆に、専務に身内に幸運をもたらす星形の太陽線があることで錦野さんの運気を飛躍的に押し上げていますから、この内助の功の相がなければ錦野さんの活躍はまた違ったものになったかもしれません。そういった意味でも持ちつ持たれつ、互いに影響し合える理想の手相です。

そして現状にうまくマッチして、運気を高められる相を多く持っていることがわかりました。だからこそ、数多くの当せんを果たすことができたのだろうと推察します。今後もうまく手相を活かして高額当せんを狙っていってほしいと思います。

力丸専務当せん実績一例

第325回ミニロト
「08　11　13　15　28（22）」
1等　940万7,400円

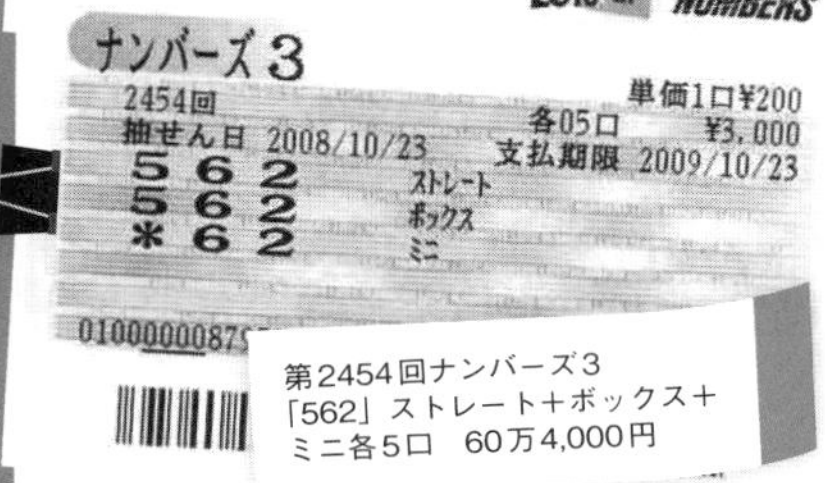

第2454回ナンバーズ3
「562」ストレート＋ボックス＋
ミニ各5口　60万4,000円

第3264回ナンバーズ4
「8475」ストレート5口
469万4,500円

第1220回ロト6
「09　15　21　23
32　42（14）」
2等　858万8,900円

第4979回ナンバーズ3
「047」ストレート＋
ボックス各2口＋ミニ3口
31万9,700円

錦野さん当せん実績一例

第1585回ナンバーズ4
「3957」セットストレート3
口　134万7,000円

第954回ロト6
「03　23　24　28
29　42（41）」
3等　63万3,600円

第4170回ナンバーズ4
「6426」ストレート
109万9,300円

第5217回ナンバーズ4
「3799」セットストレート2口
94万4,000円

column 2

逆末広がりの太陽線の書き方

金運がアップ！

太陽線を金色のペンで書き足すと

太陽線は、薬指の付け根に昇る縦の線で、金運だけではなく才能や成功などに恵まれることを示しています。高額当せん者の中にも、この線を持つ人は多くいました。

手相はその人自身を表すもの。指紋と同じく、唯一無二のもののため、当せん者のみなさんとは異なるのが当たり前。太陽線がないからといって、高額当せんしないんだと悲観することはありません。線がなければ書けばいいのです。

肝心のやり方はというと、太陽線を逆末広がりの形で両手に書き入れるだけ。これは「億万長者の相」ともいわれ、とても縁起のいいものです。また、金運をアップさせるといわれる金色のペンで書きましょう。宝くじを購入する前に実行してください。

実際に太陽線をお持ちの人も濃く出ているよりもやや薄いくらいのほうが、金運に恵まれることも多いため、太くしっかり書く必要はありません。最初はすぐに線が消えてしまっても、脳が太陽線を記憶していくため、次第に実線になり運気も上がっていきますよ。

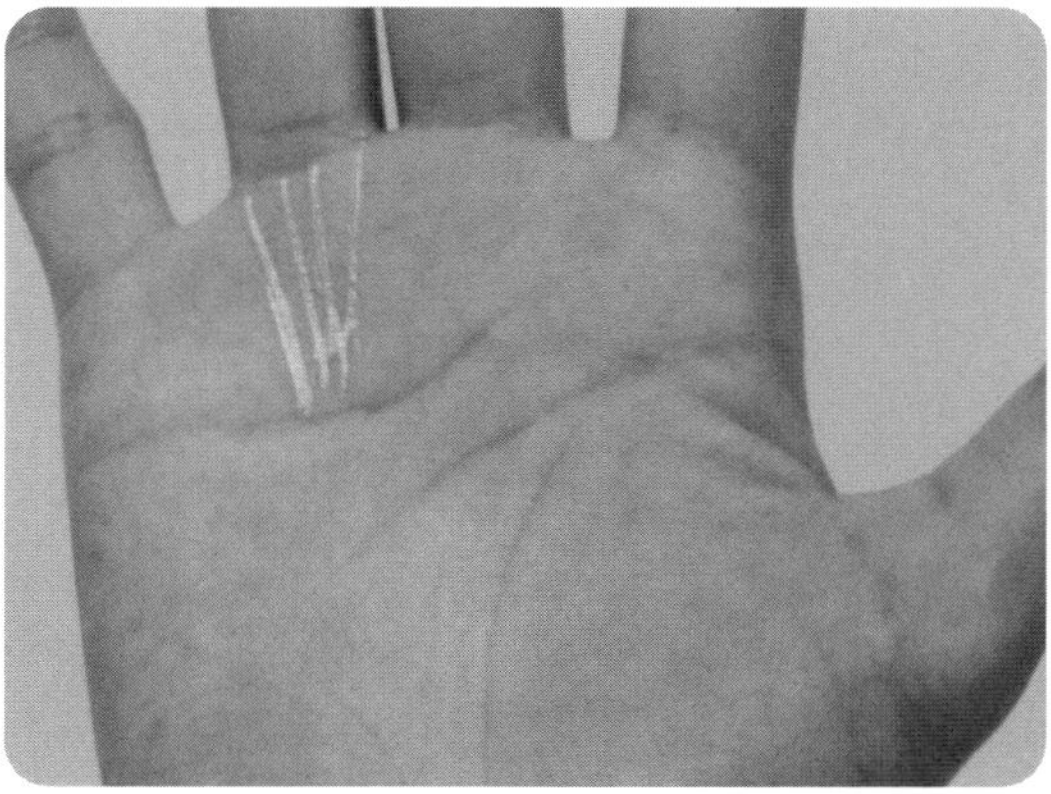

ペンの色は金色、もしくは白をチョイス。黒は逆に運気を下げてしまう可能性があるので、必ず避けてください。消えたらふたたび書き込んで、脳に線を覚えさせましょう。

03 profile

何回も当てた人

ミニロト
1等1,299万円

ロト7
2等576万円

当せんの履歴書

フリガナ	アールゼット
氏名	RZ
年齢	49 歳

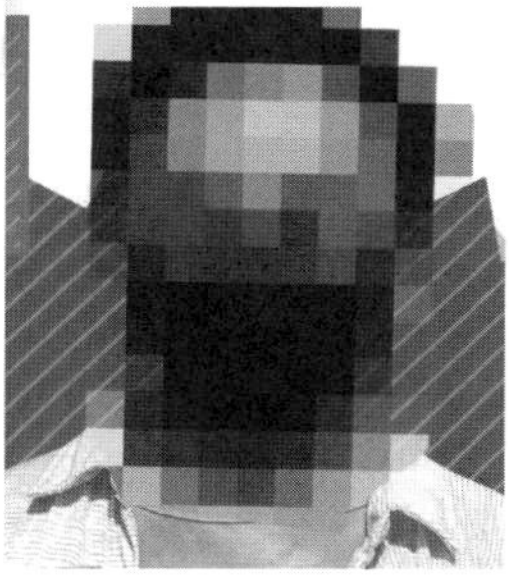

現住所	沖縄県

年	月	当せん歴	等級	当せん金額
2019	10	ナンバーズ3	ストレート4口	462万7,600円
2020	3	ミニロト	1等	1,299万3,200円
2020	8	ロト7	2等	576万4,000円

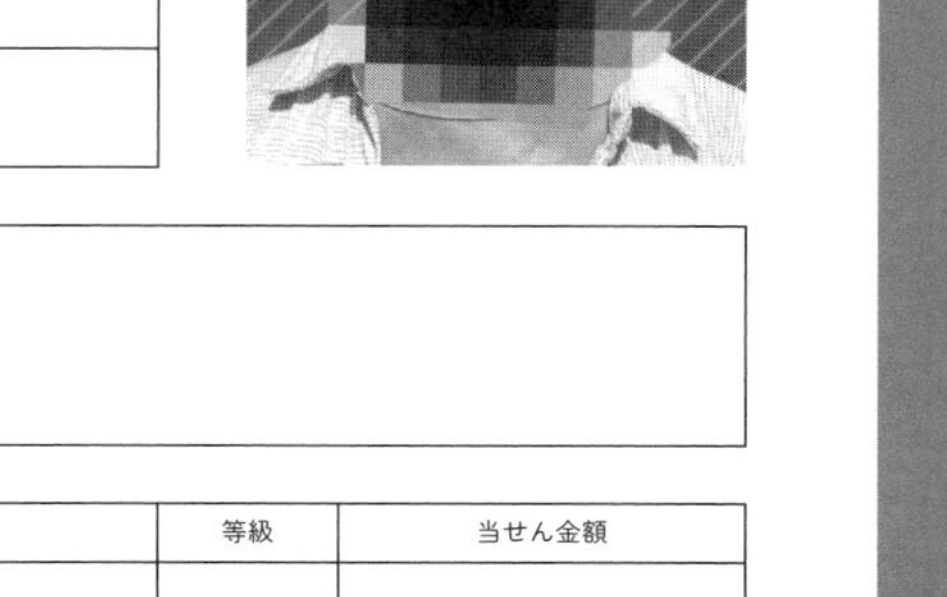

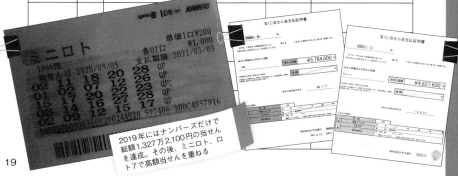

2019年にはナンバーズだけで総額1,327万2,100円の当せんを達成。その後、ミニロト、ロト7で高額当せんを重ねる

1年でナンバーズ3&4
1300万円超え当せん
よっしゃあぁ
ミニロト2等
1299万円に加えて
うおおぉぉ
おぉ
ロト7・2等
576万円もゲット!
バンザ〜イ
バンザ〜イ
3度の当せんを経て
ついたあだ名が…
ドーン
令和の
爆当て
モンスター!
私は3才のときに
大やけどを
しましてね…
友だちに
からかわれ
たり
つらい思い
をしました
それ以来
人と同じ考え
方をしなく
なったのです
それは
ナンバーズの
攻略法にもあらわれています

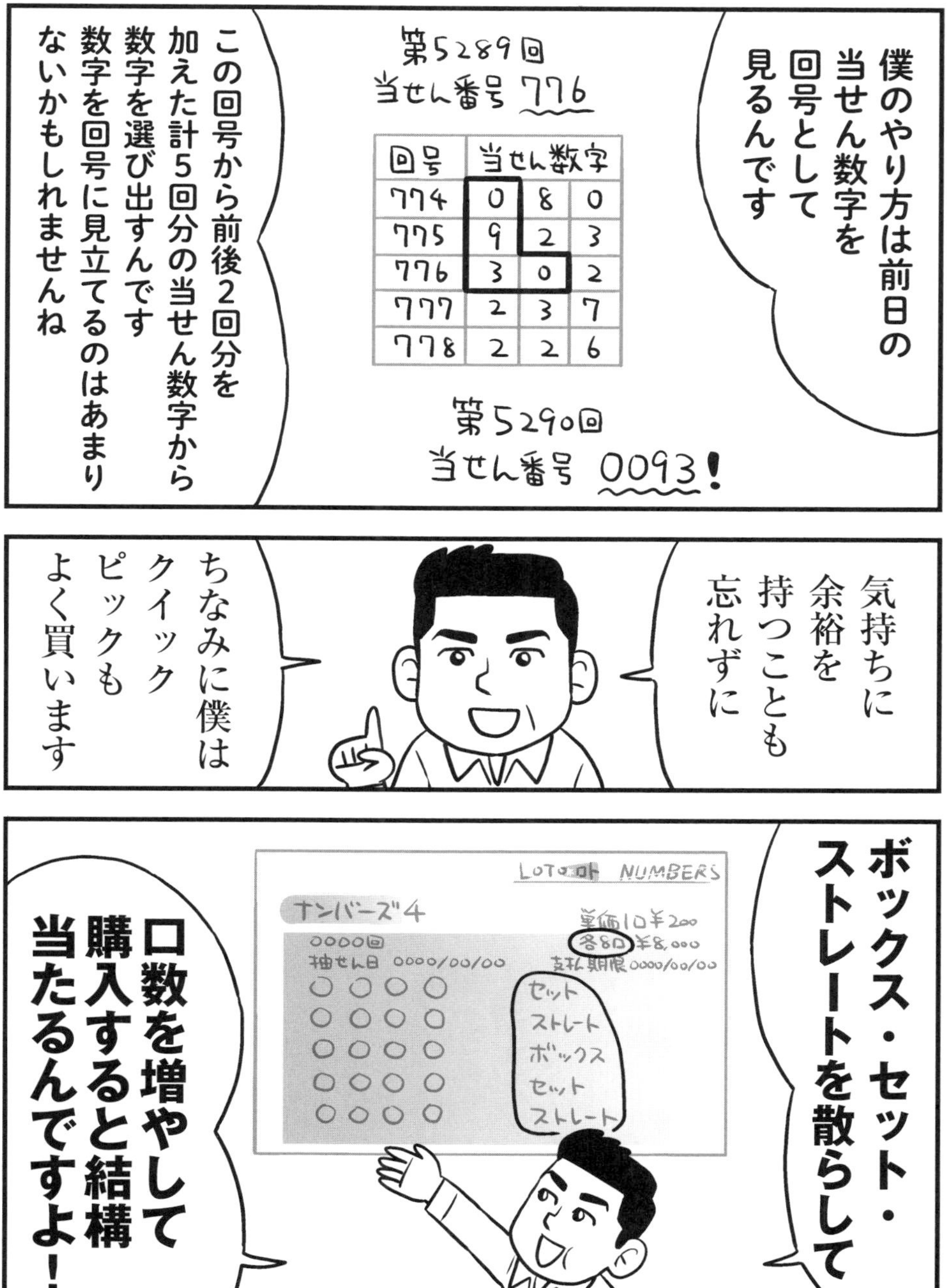
僕のやり方は前日の当せん数字を回号として見るんです
第5289回
当せん番号776
回号 当せん数字
774 0 8 0
775 9 2 3
776 3 0 2
777 2 3 7
778 2 2 6
第5290回
当せん番号0093！
この回号から前後2回分を加えた計5回分の当せん数字から数字を選び出すんです
数字を回号に見立てるのはあまりないかもしれませんね
気持ちに余裕を持つことも忘れずに
ちなみに僕はクイックピックもよく買います
ボックス・セット・ストレートを散らして
ナンバーズ4
セット
ストレート
ボックス
セット
ストレート
口数を増やして購入すると結構当たるんですよ！

しかし…ナンバーズの当せん後当たりが出なくなってしまったRZさん
ズーーン…
あれから300万マイナス…
もう辞めようか…
くわっ
いいや大当たりは必ずくる！
毎日台所の神さまのウガンジュ（火の神）に祈り…
買い物の度に募金をし…
募金
大当たりの前兆となる
あちゃ〜
でも…これで大当たりが出るはず！
不運（交通事故）にも遭った！

そしてついに…
一発で
うおおおおお
1299万円の大当たりだー!!
当たらなくても楽しく生きる!
ん?
これが大事だねー
宝くじのイス?
宝くじの椅子
宝くじの収益金でつくられたイスか…
ゲンをかついでこのイスに座っていこう
よいしょ
結果…
ロト7 2等です
よっしゃー!!
576万当たったー!!
次は10億当てますよ!

感情線・知能線ともに真っすぐ。クールな理論派で数字選択式宝くじに向いている

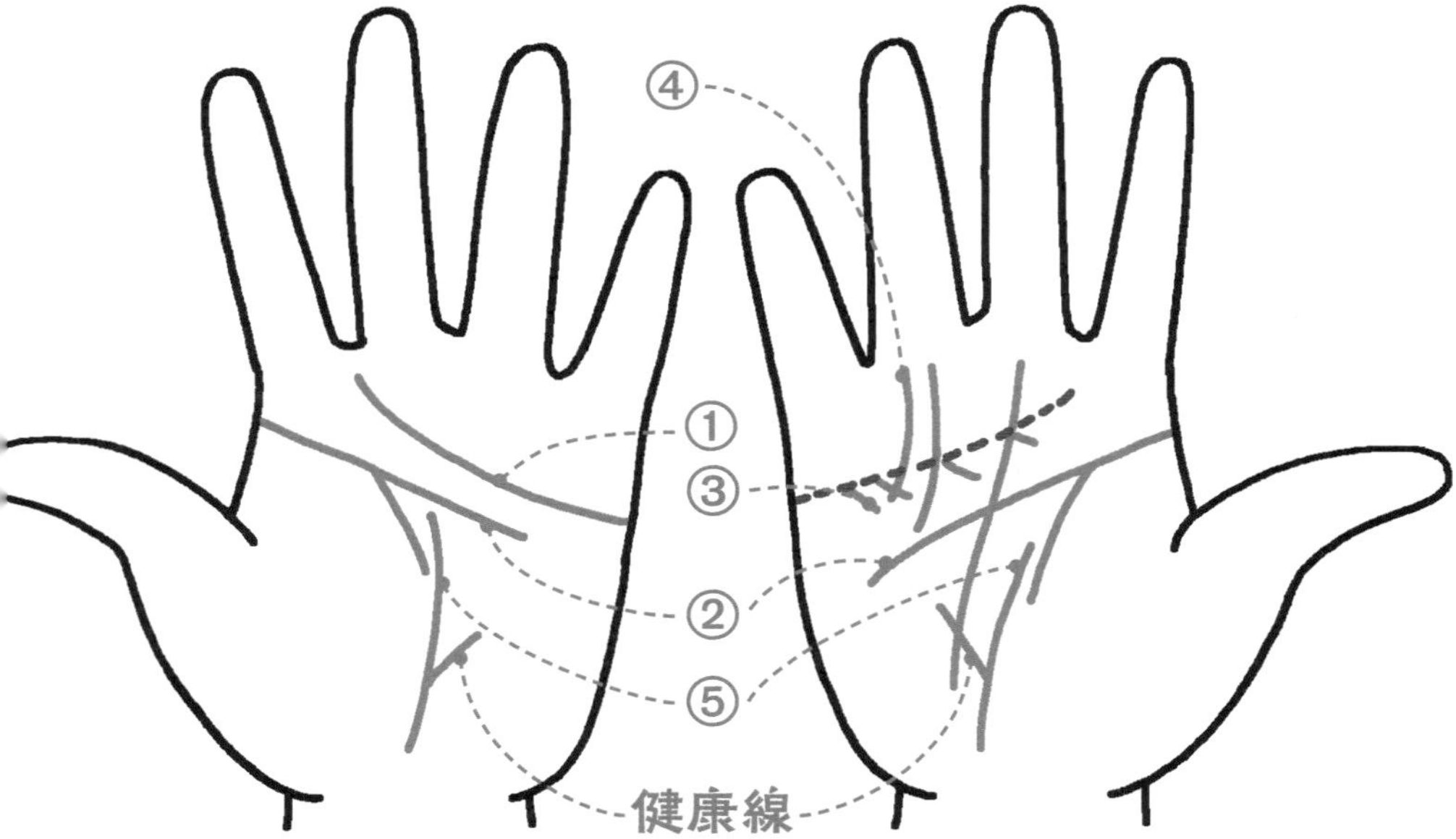

profile 03

①感情線	小指の下から人差し指に向かう線	
	>>>	特に左手の感情線は乱れもなく真っすぐなため、冷静で物事を客観視できるタイプ
②知能線	親指と人差し指の間から出て、手のひらを横切る線	
	>>>	真横に流れているため、現実主義で数字選択式宝くじに向いている
③感情線の支線	主となる感情線から出る短い下向きの線	
	>>>	感情線の下に線が複数ある場合、涙もろく人情派である一方で、一度こうと決めたらなかなか曲げない頑固な一面も
④太陽線	薬指の付け根に昇る縦の線	
	>>>	不特定多数の人と関わる仕事や立場に身を置くことで運が開ける
⑤生命線	親指と人差し指の間から手首に向かって流れる線	
	>>>	両手ともに40歳前後で一度線が途切れ、ふたたび別の起点から始まっている。この年齢付近で大きく人生に変革があった可能性

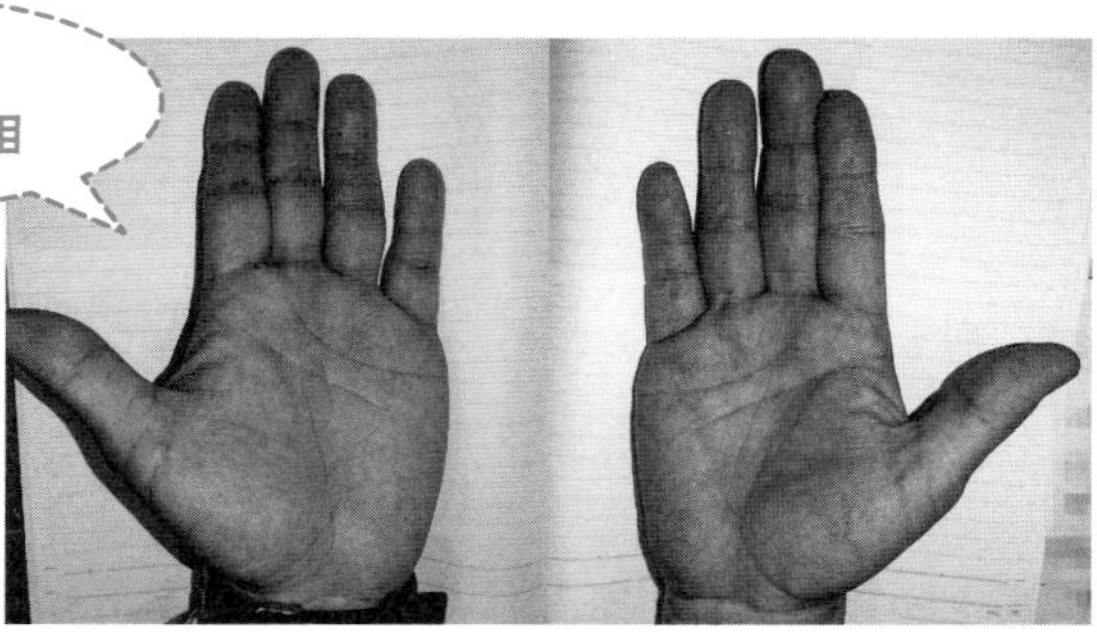

線が少なく、感情線も乱れなし。冷静沈着でクールな印象

ＲＺさんの手相を見たとき、まず印象に残るのは線の少なさです。主要な３つの線（生命線・知能線・感情線）以外の線が見られない、さっぱりとした手相で、小さいことにこだわらない体育会系の気質をお持ちのようです。

それを裏付けるのが左手の感情線。真っすぐで、まったくと言っていいほど線が乱れていません。感情線は他の主要な線と違い、多少乱れているのが一般的です。ＲＺさんの場合、性格は極めて冷静沈着。ご自身でナンバーズの攻略法を編み出しておられるそうですが、そのとおり実践して、たとえ当たっても「ほら、そうでしょ」と淡々としていて、「よし当たったぞ!!」と喜びの感情が爆発することはあまりないのではないでしょうか。もしくは、内心は喜んでいても端からは飄々と見られそうです。〝人と同じことをしても配当が安くなるから独自の理論で〟という考え方がそもそも理性的で冷静な判断をされていますよね。だからこそ、独自の攻略法でコツコツとナンバーズを買い続け、１年間で１３００万円もの当せんを果たされたのだと思います。

左手よりも右手で線が増加。心の余裕から運気も変化した

一方、左右の知能線を見ても、感情線と同じく真っすぐに伸びていることがわかります。知能線が横に走る場合は、現実主義で理論派。また長さもあるので、思考を武器に数字を選ぶ数字選択式宝くじはピッタリです。これまでに何回も当せんされているとのことですが、どれも数字選択式宝くじで当たっているのは、この知能線の影響が考えられるでしょう。

ただ、34歳頃を皮切りにやや手相の変化が見て取れます。前述の感情線ですが、右手の感情線の下に支線と呼ばれる細かな線が出ているのです。下に流れる支線は涙もろく、義理人情に厚い証。ちょうどその頃、お父様の遺産を継いだと聞きましたから、困窮気味の生活から脱出し、心に余裕が出たことが手相にも表れているのかもしれませんね。

幸運の印である太陽線も右手の薬指の下に表れています。やや斜めに入っていますので、先生など不特定多数の人と出会う仕事やご自身の攻略法を多くの人に披露するなどの行動をすると運気も上がっていきそうです。

宝くじの収益金によって名護中央公園内に作られた「イス」、これに座ってから、続々と当たりに恵まれることに

切り替わった生命線から人生の転機が訪れた可能性

生命線に目を向けると、左右どちらも手のひらの中程で切れて、切り替わっていることがわかります。いつ何が起こるのかを手相で読み解く「流年法」で数えると、ちょうど29、34、40歳のタイミングなので、その年齢で何か人生が大きく変わる節目があった可能性がありそうです。

また、金運線とは離れますが、気になるのが生命線を横断するように走る健康線。この線は本当に健康な人にはそもそも出ません。RZさんは左右どちらの手にも健康線があります。聞けば、幼少時に大やけどを経験されたとのことですから、体調には注意してくださいね。ただ、中指から手首に向かって真下に下した想定ラインよりも外側に張り出すほどの生命線ですから、もともと生命力はおありです。意志も強いので、持ち前の負けず嫌いを発揮して、さらなる当たりを狙えそうです。

さらりとしているRZさんの手相ですが、右手のほうがいい線が増えていることがわかりました。それは他ならぬRZさん自身が「どう生きていこうか」と試行錯誤してきた結果が表れているのではないでしょうか。今後も右手に刻まれた線で運気をつかんでほしいと思います。

profile

04

何回も当てた人

ロト6
2等1,237万円

ロト6
2等5口2,290万円

当せんの履歴書

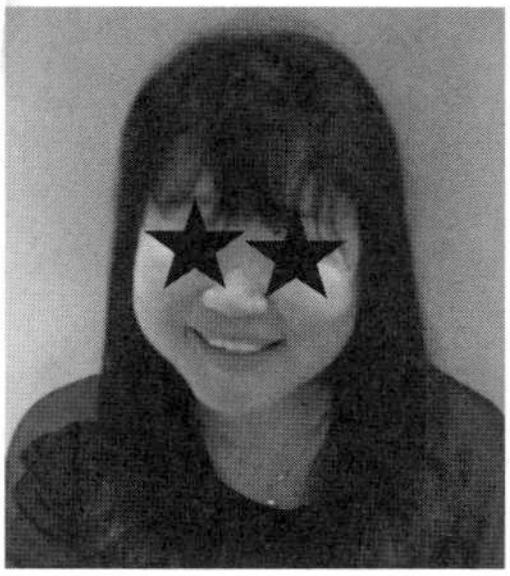

フリガナ	ケー・エム
氏名	K・M
年齢	45 歳
現住所	愛知県

年	月	当せん歴	等級	当せん金額
2012	2	第636回ロト6	2等	1,237万4,900円
2017	8	第1202回ロト6	2等5口	2,290万1,000円

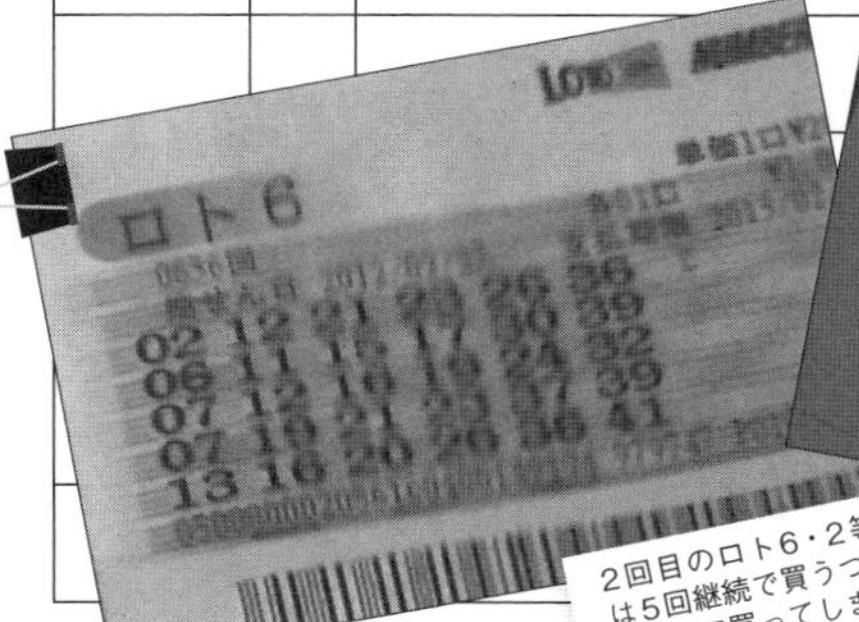

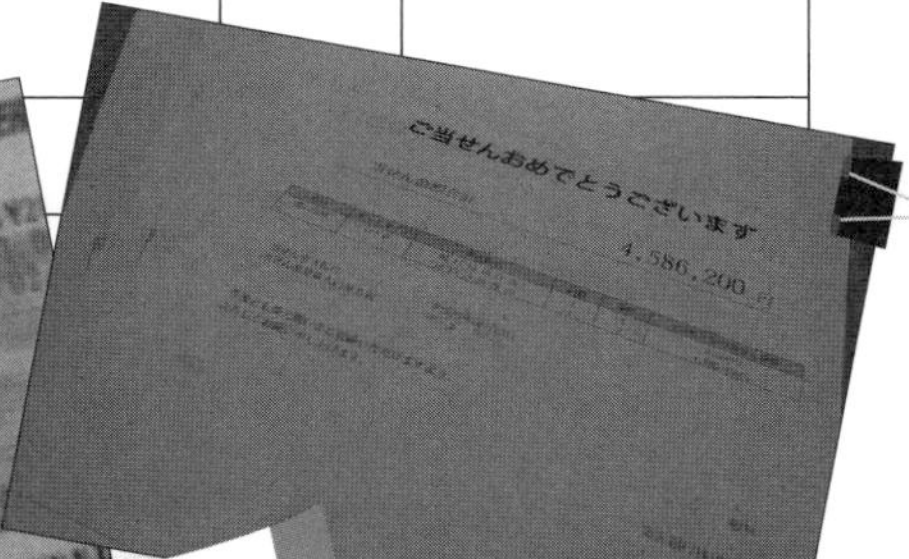

2回目のロト6・2等当せんで
は5回継続で買うつもりが間違
えて5口買ってしまったため、
当せん金が5倍に

総額3527万円
ロト6・2等を2度当せんしたK・Mさん
買うときのワクワク感が好きなんです
ワクワク
数字は誕生日と結婚記念日から選んでいます
継続回数は10回待ちの姿勢で粘るのが私の買い方です
買いに行くのは月2回程度人に会って楽しい気分になったときに買いに行きます

買って満足しちゃうのでそのままチェックするのを忘れちゃうんですよね～
想像で満たされるタイプ
当たったら何買おうかな～♪
そして2012年2月
ガタン
ゴトン
そういえばチェックしていなかったな…
カクニンしとこ
!
うそ――!!
えー
ロト6・2等を1237万円に当せん
当せん金は結婚指輪がまだだったので結婚指輪を買いました
残りはほとんど定期預金に貯金しました
定期預金通帳

その後夫が病気で退職して…
定期預金が役に立ちました
それから5年後
このときはネットで購入しました
買い目はもちろん誕生日と結婚記念日です
後日口座を見ると…
2290万円
ドーーン
当たったのは知ってたけど
額が大きすぎる…
振り込み詐欺ならぬ振り込まれ詐欺では…
確認すると「5回」継続買いのつもりが「5口」買っていたんです
2等 458万
×5
=
2290万
こんなことが…

継続と口数を間違えたのは
あとにも先にもこれ1回だけです
不思議!
ゲン担ぎは金運神社にお参りすることですね
そこで買った宝くじ入れに清めたお金を入れて宝くじ資金として使ってます
金神社
御守
保管は金運アップの方角である西側にしています
南
西
東
北
せっかく買うなら継続にこだわって
楽しんでいきましょう

今幸せなのが伝わってくる相。すべての開運線が内側から昇り身内に甘えてこそ運が開ける

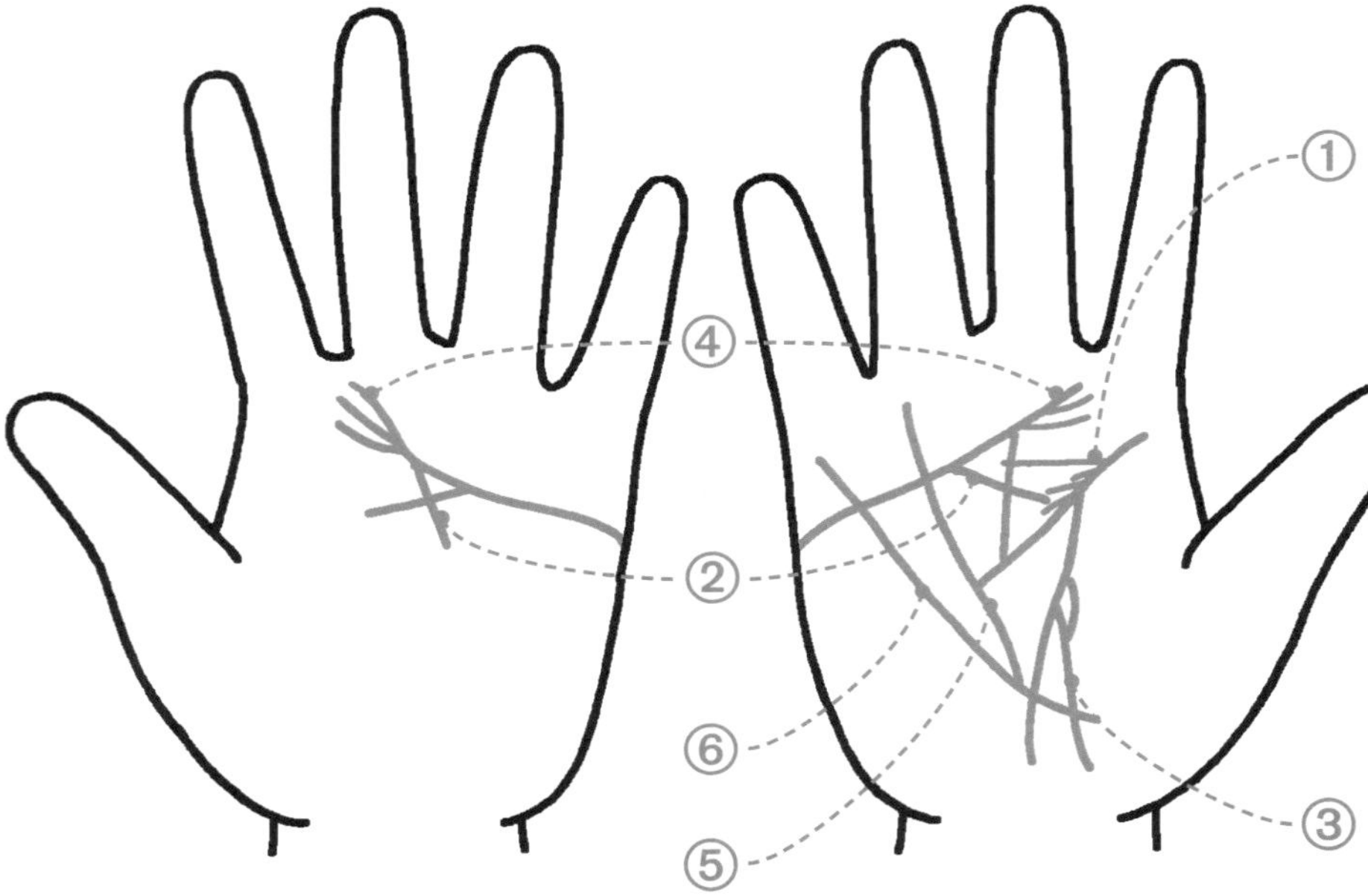

profile 04

①知能線	親指と人差し指の間から出て、手のひらを横切る線	
	>>>	**左手は真っすぐに対し、右手は4本に枝分かれしていることからだんだん多角的な思考となっていることがわかる**
②神秘十字線	知能線と感情線の間で十字にクロスしている線	
	>>>	**特に右手には複数の十字が存在し、直感が鋭く、ご先祖様に強力に守られている**
③運命線	手首から中指に向かって伸びる線	
	>>>	**生命線から出る運命線は100人に1人レベルのレア手相**
④感情線	小指の下から人差し指に向かう線	
	>>>	**左右ともに枝分かれした感情線は執着心が強い証。ただし、長くはないため、表面上はそうは見えづらい**
⑤太陽線	薬指の付け根に昇る縦の線	
	>>>	**生命線を越えて内側から昇る長い太陽線。身内の支えを得て、運が開ける可能性が**
⑥商才線	生命線や運命線の下から小指に向けて弓型に入る線	
	>>>	**副業や好きなことでお金を稼ぐことに長けた相**

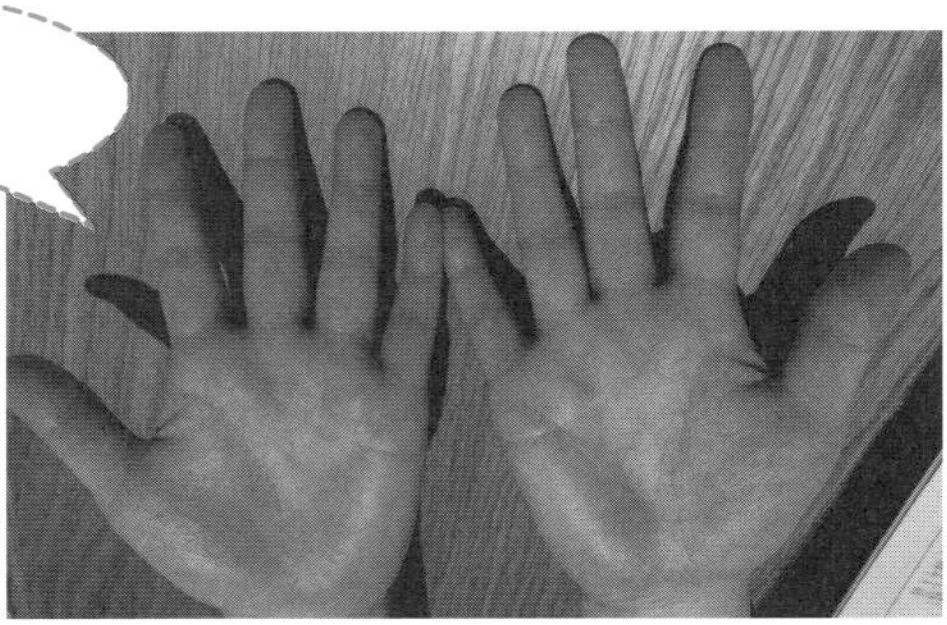

宝くじに当たるべくして当たった、とてもいい手相

Ｋ・Ｍさんの手相はズバリ「今、幸せなのが伝わってくる」手相と言えるでしょう。手のひらに刻まれた線も開運線が多いのですが、全体のバランスを見ても「もっと喜びを得たいからもっと頑張ろう！」という生きるための意志が伝わってくる手相です。

まず注目したいのは知能線。先天的な性質を表す左手の知能線は１本ですが、後天的な性質を表す右手は４本に増えているのです。しかも左の知能線は真っすぐで現実主義なのに対して、右の知能線のうち１本は下がっていてロマンティストの傾向が。現実主義とロマンティスト、真逆の性格を場面に応じて使い分けていく多面性が出てきているのです。

これは宝くじでも同じこと。本質的にはリアル思考なので当てることに重きを置くはずですが、Ｋ・Ｍさんは「当たったら何を買おう」と想像することが好き、とのことですので、こと宝くじに関しては、下に流れる知能線の影響を受けておられそうです。

profile 04

ご先祖様と身内に守られ支えられている

　左右の手のひらの真ん中にはしっかりと神秘十字線が刻まれています。特に右手は大きな十字の周辺に散らばるように小さな十字がいくつも見られます。K・Mさんは2回目のロト6の2等当せんの際、偶然のミスが転じて当せん金が5倍になったそうですが、この幸運は複数の神秘十字線によるものかもしれません。旦那さんがご病気で経済的に不安定になった際にもあらかじめ貯金していた当せん金が役立っているのも、ご先祖様に守られている神秘十字線ならではのエピソードですね。

　複数の神秘十字線も珍しいのですが、さらに激レアなのが運命線です。生命線の内側から突き抜けて中指へ昇る運命線は身内開運線とも呼ばれ、身内や周囲の人の援助によって開運するといわれています。K・Mさんの場合、この運命線が生命線を越えることなくつながっているため、運命のターニングポイントがそのまま人生の大変化になる方です。そして変化に欠かせないのが身内の存在。実際、ご主人との結婚記念日で当てられているとのことですから、まさに身内の力を得て、宝くじに当たることで人生が変わったのではないでしょうか。

真新しい金神社の宝くじ入れとお守り。清めたお金を入れ、宝くじ資金として使っている

長い太陽線や商才線、複数の知能線を活かして

薬指の付け根に昇る太陽線とそれに沿うように外側を流れる商才線、どちらも手のひらを縦断するほどの長さをお持ちです。また、そのどちらの線も生命線の内側から始まっています。運命線もそうですが、K・Mさんの開運線はことごとく手の内側、身内の影響を色濃く受ける性質を持っているのが特徴といえそうですね。そして左手よりも右手にいい線が多いですから、身内の協力を得ることで、さらに高額当せんする可能性もありそうです。

そうでなくとも、複数に枝分かれした知能線もありますから、宝くじ以外にもご自身でやりたいことがいっぱいあるはず。もし、やれる環境にあるにもかかわらず実行できていないのであればもったいないほどの強運ですから、どんどんやりたいことを実践して運命を切り拓いていきましょう。その際には身内であるご主人に相談するなど、夫婦二人三脚で進んでいけば、おのずといい方へと向かっていくと思いますよ。

profile

05

何回も当てた人

ミニロト
1等2,545万円

ロト7
2等1,240万円

当せんの履歴書

フリガナ	セキネ
氏名	関根
年齢	65 歳

現住所
東京都

年	月	当せん歴	等級	当せん金額
2005	5	第302回ミニロト	1等	2,545万8,000円
2014	2	第45回ロト7	2等	1,240万6,400円

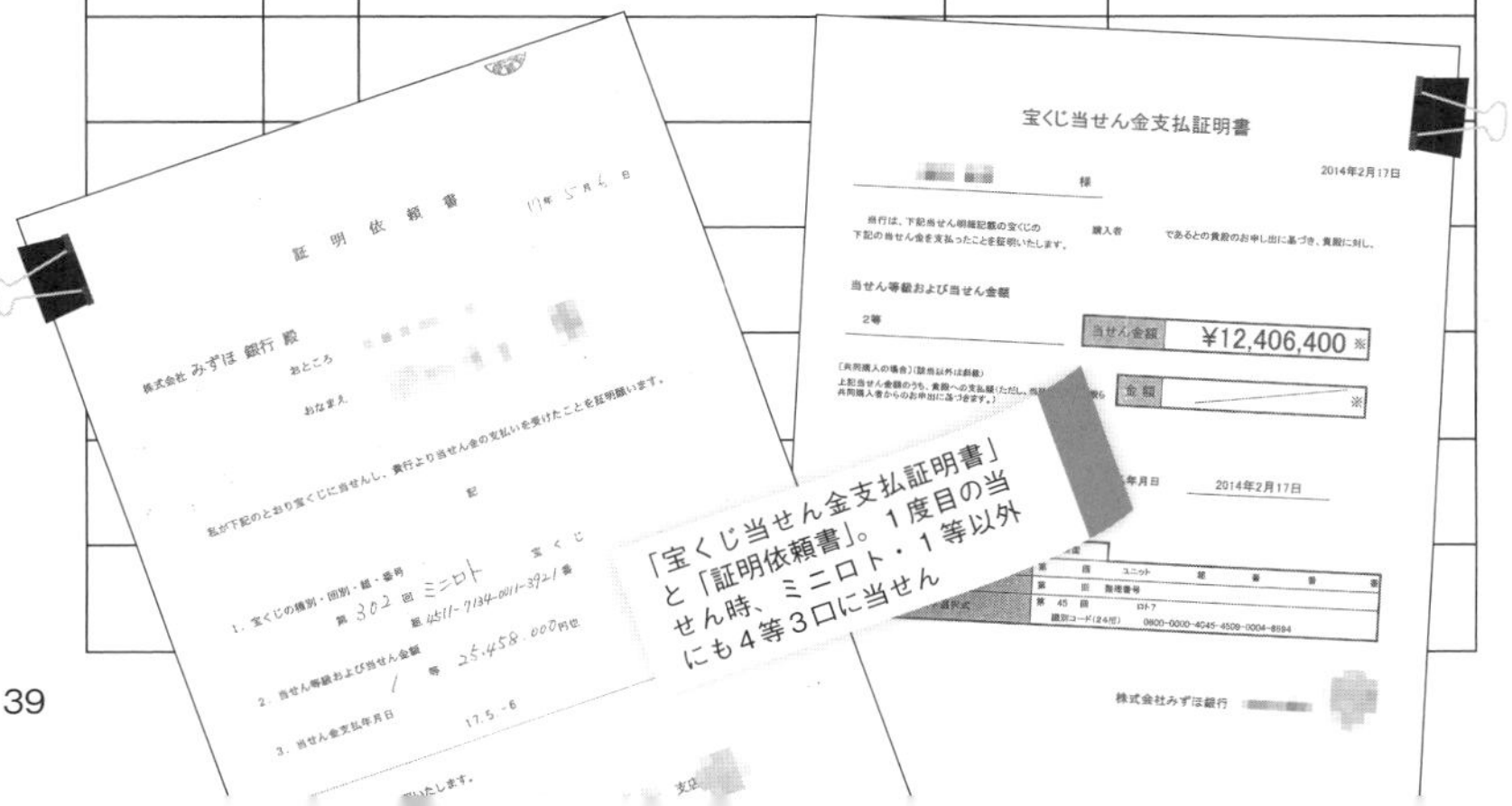

証明依頼書

株式会社 みずほ 銀行 殿

おところ

おなまえ

1. 宝くじの種別・回別・組・番号 第302回 ミニロト

2. 当せん等級および当せん金額 1等 25,458,000円

3. 当せん金支払年月日 17.5.6

宝くじ当せん金支払証明書

2014年2月17日

当せん等級および当せん金額

2等 当せん金額 ¥12,406,400

2014年2月17日

株式会社みずほ銀行

「宝くじ当せん金支払証明書」と「証明依頼書」。1度目の当せん時、ミニロト・1等以外にも4等3口に当せん

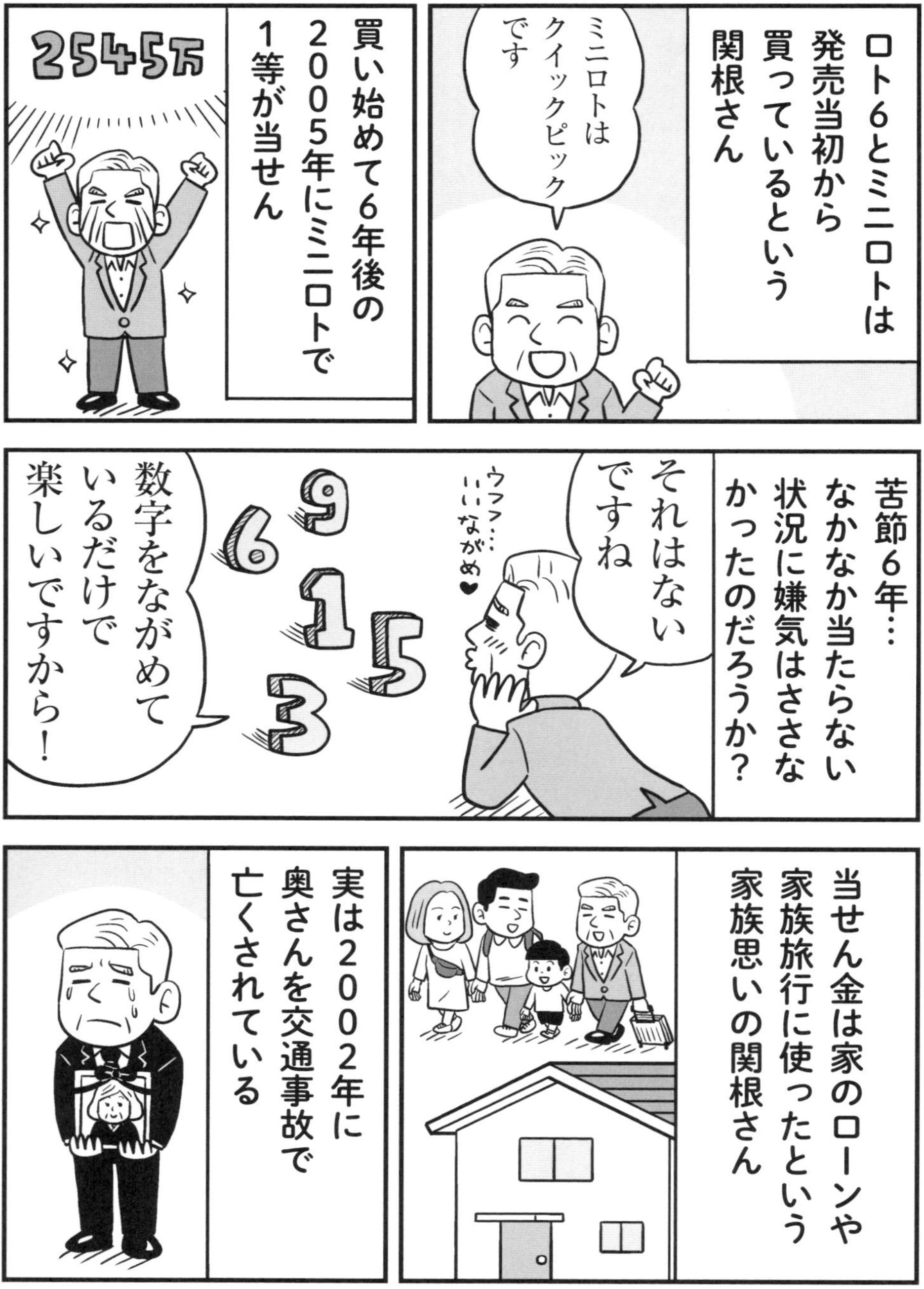
ロト6とミニロトは発売当初から買っているという関根さん
ミニロトはクイックピックです
買い始めて6年後の2005年にミニロトで1等が当せん
2545万
苦節6年…なかなか当たらない状況に嫌気はささなかったのだろうか？
それはないですね
ウフフ…いいながめ♥
9 6 1 5 3
数字をながめているだけで楽しいですから！
当せん金は家のローンや家族旅行に使ったという家族思いの関根さん
実は2002年に奥さんを交通事故で亡くされている

それ以来、ご縁を大切にしながら何事も諦めないように、後悔しないようにしてきました
くじにおいてもその精神は活かされている
少額でも買い続ける
買うときは小綺麗なかっこうで
9年後…
やばい買ってなかった!!
キャリーオーバー中なのに!!
しょうがない銀行で買おう
あきらめたらダメだ!
○×銀行
2014年2月14日ロト7・2等当せん
1240万
やったー!!
買った宝くじを専用のくじ入れに入れて保管するのも関根さん流
ミニロトとロト7で二冠を達成したので最後はロト6で当せんするぞ!
いいと思ったことを素直に取り入れて縁を大切にしてきたからこそ、神様は2度も微笑んでくれたに違いない

二足のわらじが実現できる相。感情線が伸びれば新たな運命を切り拓ける可能性を秘める

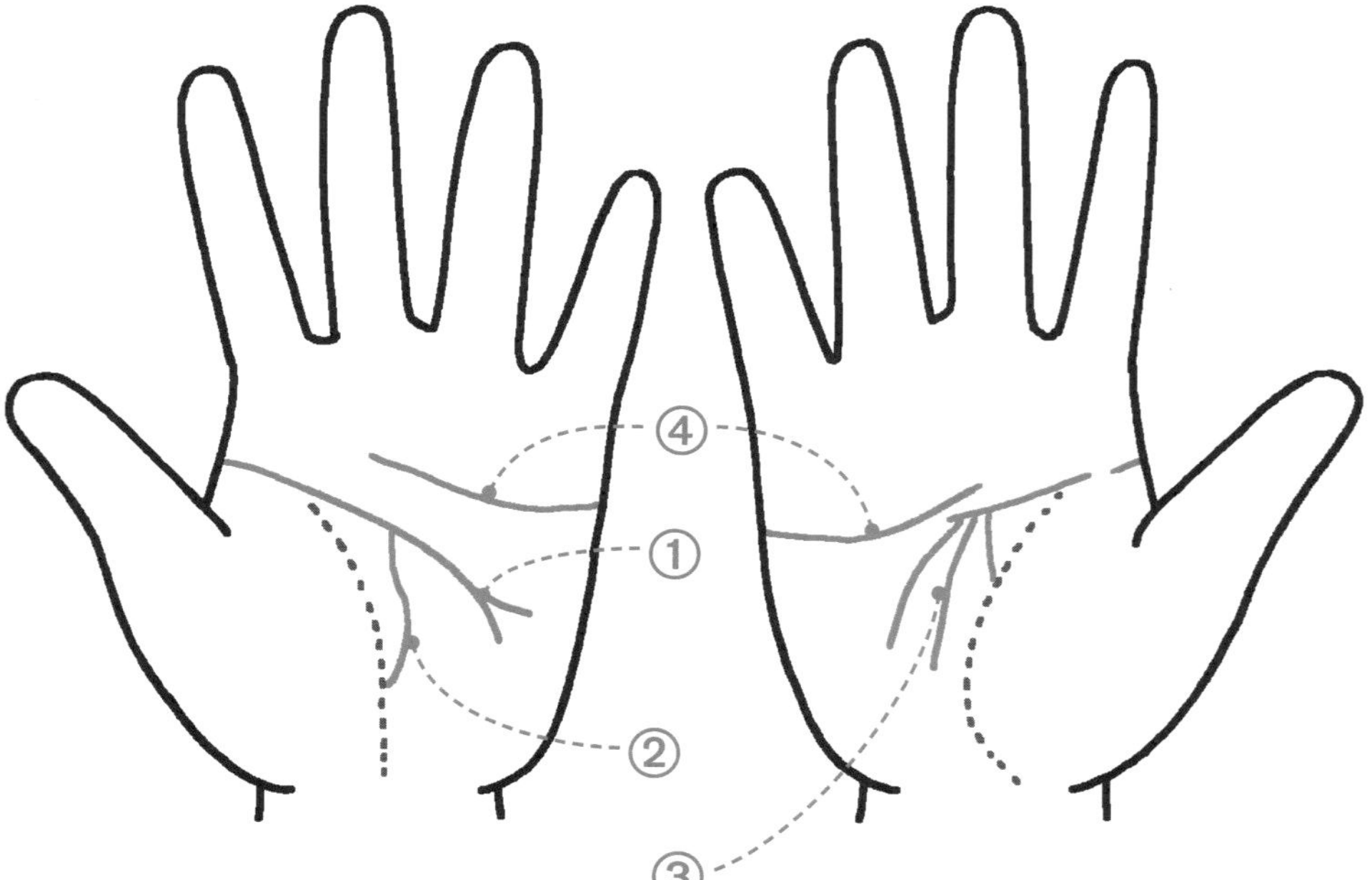

profile05

①知能線	親指と人差し指の間から出て、手のひらを横切る線	
	>>>	**バランス型の知能線は夢を実現できる力を持つ。枝分かれしているので、複数のことを同時並行すると吉**
②セカンドキャリア型の運命線	生命線の中ほどから垂直に上に伸びる運命線	
	>>>	**自分の力で新たな運命を切り拓ける相。やりたいことを突き詰めて開運できる**
③人気運命線	小指側の手首の上周辺にある盛り上がった部分（月丘）から、中指に向けて昇る線	
	>>>	**やりたいことや興味のあること、肩書などが複数あると運気が上がっていく相。「あれも、これも」と欲張って◎**
④感情線	小指の下から人差し指に向かう線	
	>>>	**冷静沈着で客観的な判断ができる真っすぐな感情線で、データ重視の予想で高額当せんがつかめる兆し。感情線の短さは諦めや切り替えが早く、大きくチャレンジせずに諦めてしまう恐れも**

profile 05

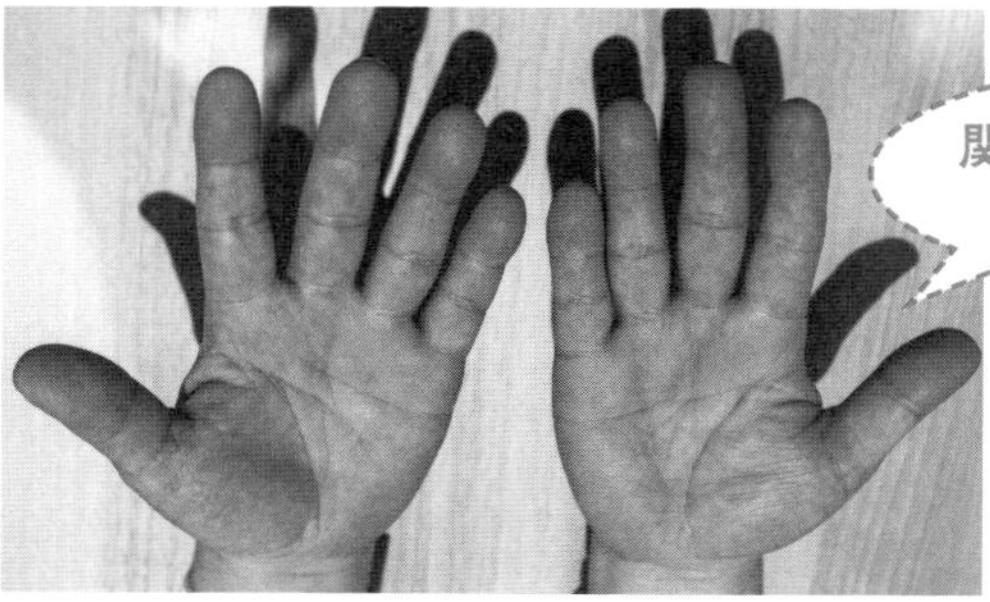

左右の相が違うのがポイント。現在の運勢が強く出る右手の線を活かして

関根さんの手相は左右の相が違っています。これは35歳を境に運命が変化してきたことがうかがえます。

とりわけ特徴的なのは、現在の運勢が強く出る右手。親指と人差し指の間から横に入った知能線が、ちょうど手のひらの真ん中あたりから下に向かって枝分かれしています。真横に流れれば現実主義、下に流れるとロマンティストの傾向がありますが、そのどちらも兼ね備えています。さらに、関根さんは運命線も複数お持ちの人。さまざまな可能性を持っていらっしゃるからこそ、ロトで二冠という複数のくじに当たる未来を同時につかみ取れたのかもしれませんね。

その一方で、気になるのが感情線の短さ。感情線が短いのは、諦めや切り替えが早いタイプ。あえてブレーキをかけているようだったら、非常にもったいない。関根さんは残るロト6の当せんを諦めず、挑戦を続けていらっしゃるので、今後、感情線が伸びていくことが期待できます。このまま長くなれば、知能線とつながって強運の証であるマスカケ線ができることもあるかもしれませんよ。

profile

06

何回も当てた人

ドリームジャンボ宝くじ
1等2億円

オータムジャンボ宝くじ
2等1,000万円

当せんの履歴書

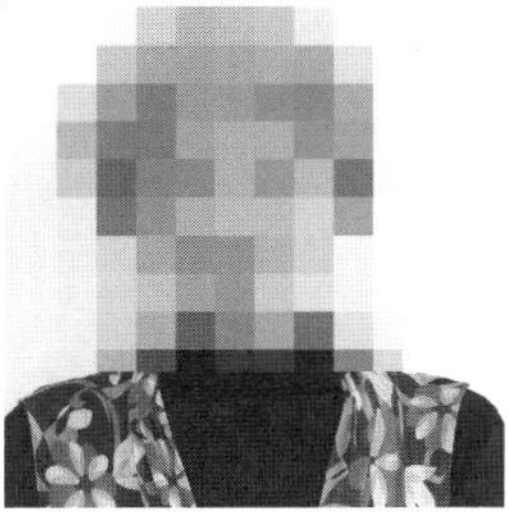

フリガナ	ニシキ
氏名	錦
年齢	70 歳
現住所	神奈川県

年	月	当せん歴	等級	当せん金額
2008	6	ドリームジャンボ宝くじ	1等	2億円
2011	10	オータムジャンボ宝くじ	2等	1,000万円

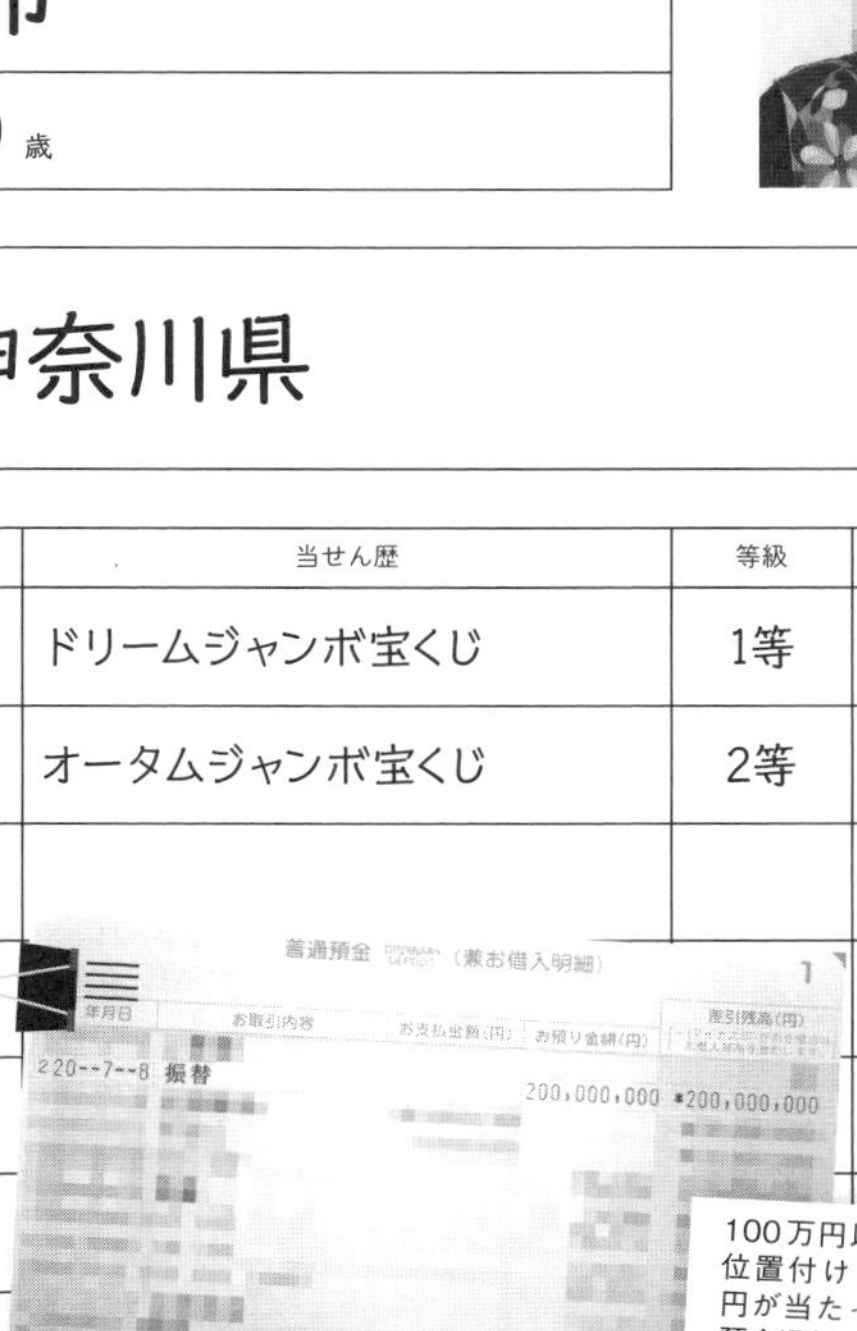

100万円以上が高額当せんと位置付けられている中、2億円が当たったことを証明する預金通帳

2008年
ドリームジャンボ
1等2億円
2011年
オータムジャンボ2等
1000万円と2回も
高額当せんした
錦さん
ジャンボ宝くじは
母が買っていたので
なじみがあったそう
宝くじ
私が宝くじを
買うときの
こだわりは…
落ち込んでいる
ときを
避けて
ズーン…
今日はやめとこ
楽しい気分で
午前中に
買うこと
ウフフ…
ピヨ
ピヨ
ピヨ
ピヨ

購入資金は〝つもり買い〟で貯めるの
チャリーン
そして2008年ドリームジャンボ1等2億円
¥200,000,000-
大当たり
え―――――っ!!
この時気が付いたことは――
当たるのが数字なら
買うのも数字ということ!

子どもが36歳で
亡くなって以来…
36という数字に
こだわっているの
36
ドリームのときは36の
3倍の108枚購入したわ
そして2011年
¥10,000,000-
やったー!!
オータムジャンボ
2等1000万円
大当たり
このときも36に
こだわって
36枚購入したのよ!
数字にこだわり
つづけるのは
間違って
なかったのよ!
ドーン

そういえば売り場にもこだわっていたわね
私の場合は池袋西口地下街東武ホープセンターね
当たると人気の雰囲気が華やかな名物販売員がいる売り場だから決めたのよ
いらっしゃいませ
最近は電子レンジで使える人気の調理器が懸賞で当たったり
でも、2回当たった後も今までどおりつつましく生活しているわ
感謝の気持ちを常に忘れずにね
金額の大小じゃなく、私は当たるのが大好き!
きっとまた当たると信じてるわ!

当せんは前世の徳の影響も？
宝くじのこだわりの買い方が
真っすぐな感情線に表れている

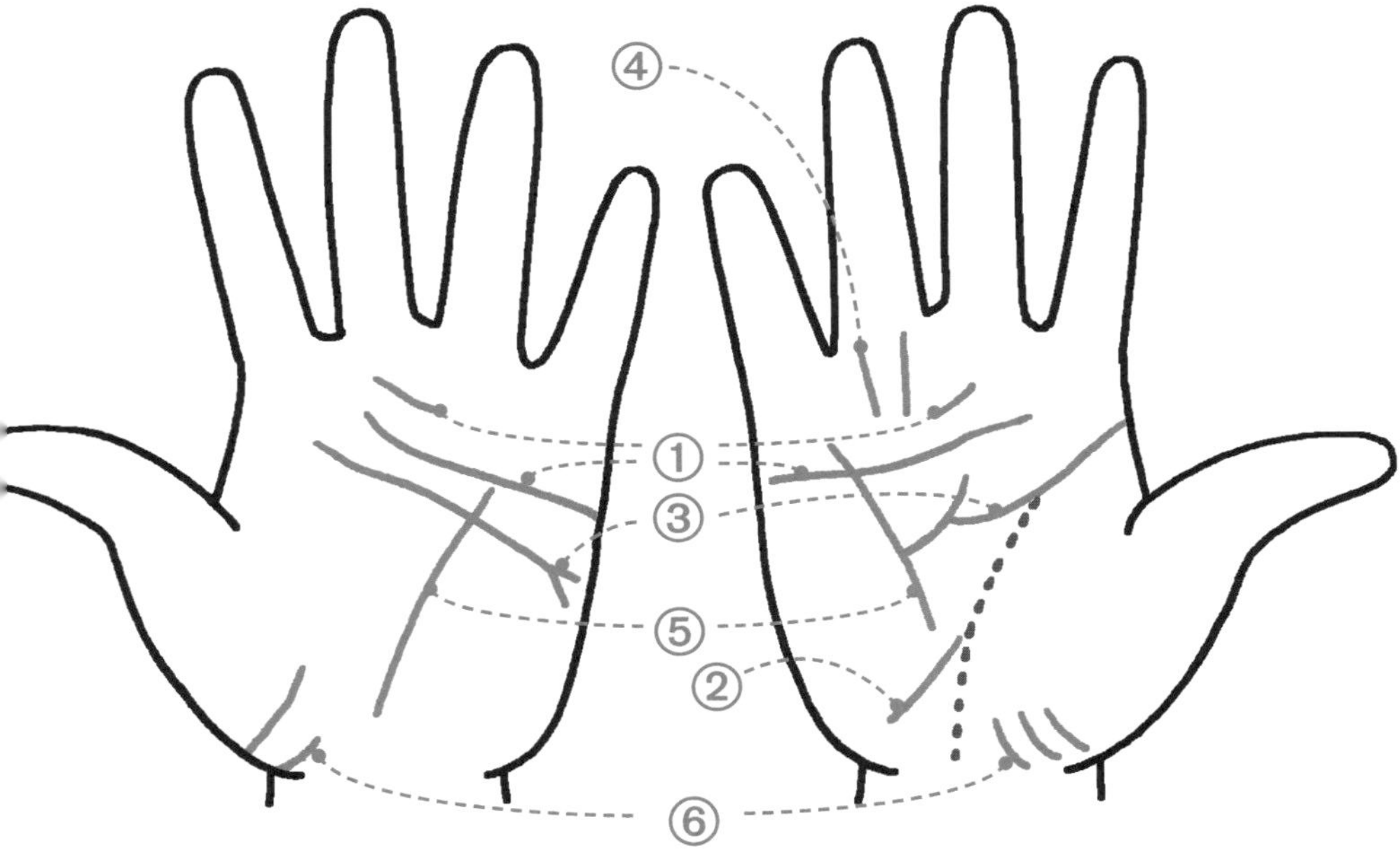

profile 06

①二重感情線	小指の下から人差し指に向かう感情線の上にもう1本の線が見られる二重感情線	>>> 追い込まれて力を発揮するタイプ
②旅行線	生命線から、小指側の手首の上周辺にある盛り上がった部分（月丘）に向けて伸びた線	>>> 外に出ることが気分転換に。ルーティンワークよりもいろいろ行動することで運が開く相
③知能線	親指と人差し指の間から出て、手のひらを横切る線	>>> 長い知能線は歳を取っても頭はクリア、数字選びはお手の物。さらに左手小指側の末端の枝分かれは金運アップのサイン
④太陽線	薬指の付け根に昇る縦の線	>>> 主要線（知能線や感情線、生命線）よりも薄く入った太陽線は金運がよい証
⑤商才線	生命線や運命線の下から小指に向けて弓型に入る線	>>> 両手に入った非常にきれいな商才線から商売や副業などをするとよい
⑥陰徳線	親指の付け根のふくらみに入る筋	>>> 純度が高く、徳の高いことを示す。前世で積んだ徳が高額当せんにつながった？

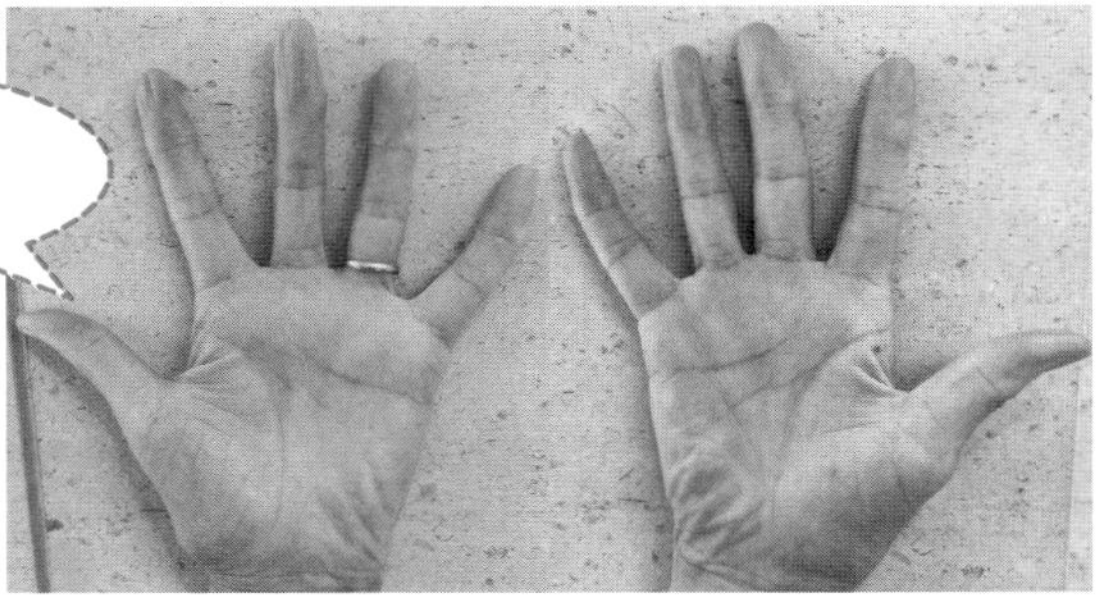

細かい線が少ない体育会系！薄い手相は「平和」という印象

錦さんのように細い線が少ない人は体育会系で、小さいことはあまり気にしないおおらかな心の持ち主。また、手を出すときの指の反り方がやや強いことからも、自信に満ちていることがうかがえます。

その中でも、まず目を引くのが二重感情線。感情線は、小指の下から人差し指に向かって1本入るのが一般的ですが、よく見ると中指の下にももう1本感情線が入っています。このように、二重感情線をお持ちの人は追い込まれてから力を発揮するタイプです。

当せんエピソードからもわかるように、錦さんの人生は決して順風満帆ではなかったご様子。だからこそ、この粘り強さが活きてくるのです。

また右手の旅行線は、旅行好きな人や故郷を離れて活躍する人に現れる手相。ルーティンワークよりもいろいろ行動することで運が開く相です。錦さんのように旅行線をお持ちの人は、少しは外に出たほうがいい気分転換、運気アップになるでしょう。

profile 06

真っすぐな感情線はこだわり派の証。長い知能線は数字選びにぴったり

感情線が真っすぐに入っていることから、思考回路は客観的なコツコツ派です。宝くじを買う際にも何かこだわりをお持ちのはず。しかも、それを続けることが苦ではないのでしょう。実際、錦さんは買う時間帯や数字を決めているなど、買い方にいくつか決めごとがあるとのことですので、まさにこの影響ですね。

一方、知能線の長さに注目すると、左右ともに手のひらを横切るように走っています。このように長い知能線であれば、歳を取られてからも頭はクリア、数字選びはお手の物です。しかも、左手は小指側の末端が枝分かれしています。これは、金運アップのサインです。線が途中で枝分かれしているということは、その分かれた分だけ運気もアップしているということ。知能線に限らず、他の主線でも線が複数存在しているということはいい相なのです。また、錦さんのように運を開くためには願いを言い切ることも大切。「当たったらいいな」ではなく、「当たる!」と信じていれば、手相もうまく活きてくるものなのです。

日々の感謝の表れか、ドリームジャンボ1等当せんののち、オータムジャンボでも2等1,000万円に当せんという幸運！

商売上手な線もあることから、宝くじ以外でもお金を得る手段が

非常にきれいな商才線が両手に入っていますから、商売や副業などをするとよいでしょう。土地に恵まれる線でもあるため、もしかしたらすでに土地・家をお持ちなのかもしれません。持っていないようであれば、持つのも吉です。

最後に、とても特徴的なのが複数の陰徳線。陰徳線とは、親指の付け根のふくらみに入る筋で、徳の高いことを示しています。別段珍しい手相ではありませんが、このように純度が高く、目立つ人はあまり見受けられません。

この相があるということは、前世で人助けをするなどの徳を積まれて、その恩が今世、高額当せんという形で返ってきた可能性が。聞けば、錦さんは当せん金の一部をお子さんの眠っているお寺に寄付されたとのこと。また、日々感謝を忘れずに、お墓参りやお礼参りを欠かさないということですから、こうした行いが大当たりにつながったことも考えられます。

profile 07

何回も当てた人

サマージャンボ宝くじ
特別賞1,000万円

ドリームジャンボ宝くじ
1等1億円

当せんの履歴書

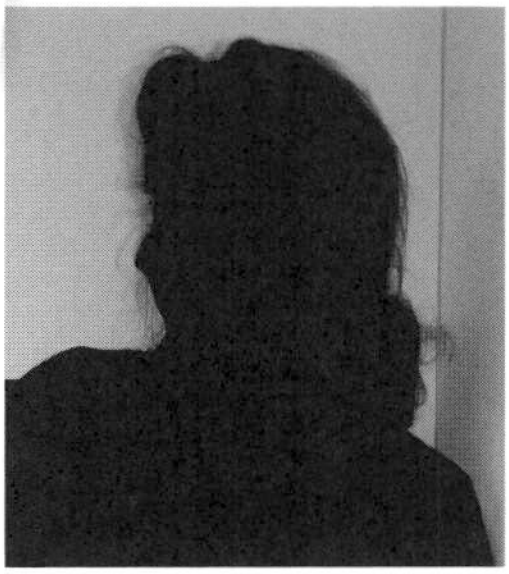

フリガナ	タカハシ　ヤヨイ
氏名	高橋 弥生
年齢	53歳

現住所	神奈川県

年	月	当せん歴	等級	当せん金額
1989	8	サマージャンボ宝くじ	特別賞	1,000万円
2012	6	ドリームジャンボ宝くじ	1等	1億円

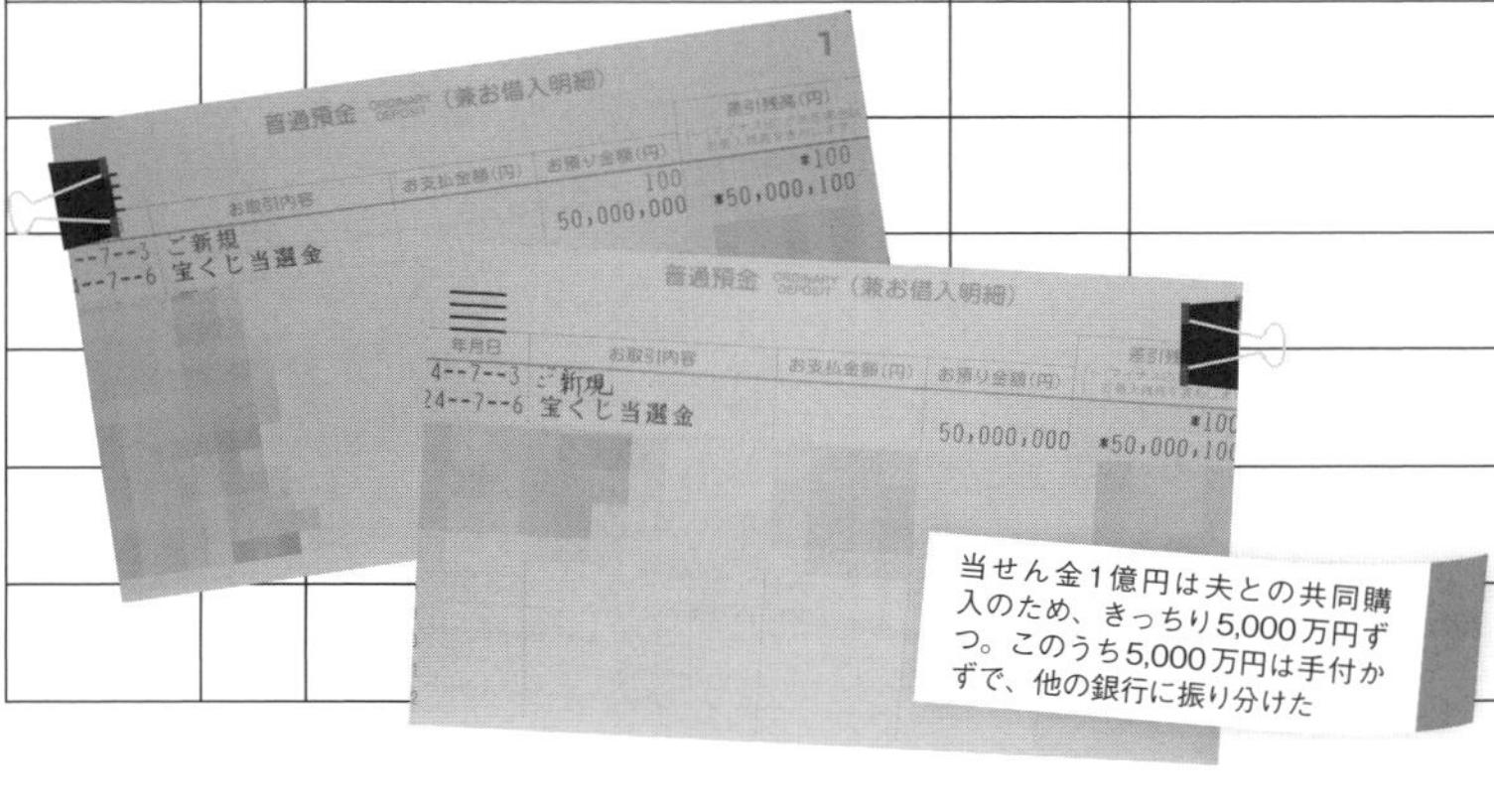

当せん金1億円は夫との共同購入のため、きっちり5,000万円ずつ。このうち5,000万円は手付かずで、他の銀行に振り分けた

1989年 不思議な夢を 見たという高橋さん
ドーン
ガバ
そう言えば サマージャンボ 宝くじ買ってたわね
確認すると1000万円 に当せんしていたそう
え〜
おめでとうございます
しかし、その後義母が がんに…
大丈夫かしら…
手術は成功したものの 次はご主人が 転職することに
会社を やめる ことに なったんだ
えっ
大変なときでも 宝くじを買い つづけた高橋さん
夫も応援して くれているし… 必ず1等を 当ててみせる!

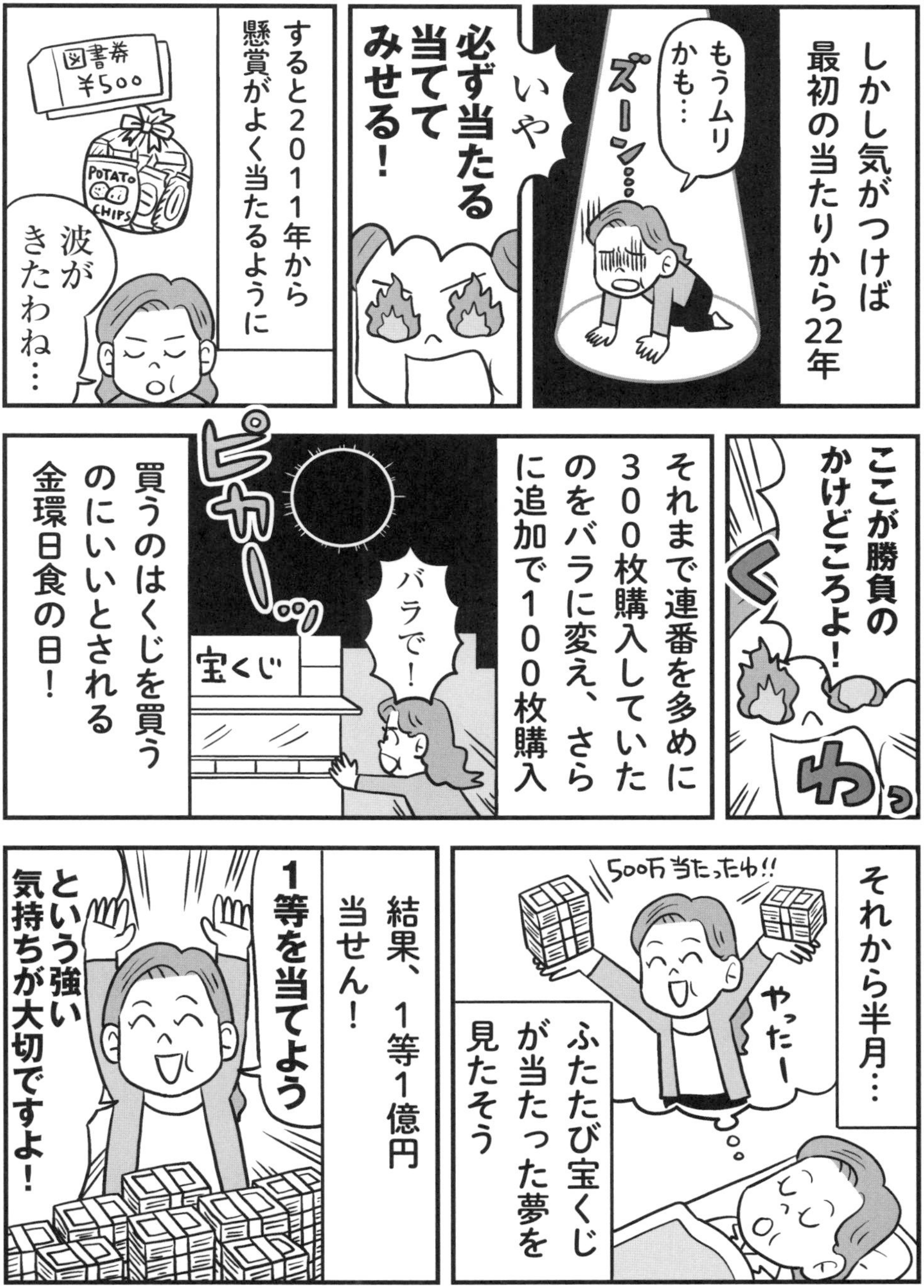
しかし気がつけば最初の当たりから22年
もうムリかも…
ズーン…
いや
必ず当たる
当ててみせる!
すると2011年から懸賞がよく当たるように
図書券 ¥500
POTATO CHIPS
波がきたわね…
ここが勝負のかけどころよ!
くわっ
それまで連番を多めに300枚購入していたのをバラに変え、さらに追加で100枚購入
バラで!
宝くじ
ピカーッ
買うのはくじを買うのにいいとされる金環日食の日!
それから半月…
500万当たったわ!!
やったー
ふたたび宝くじが当たった夢を見たそう
結果、1等1億円当せん!
1等を当てよう
という強い気持ちが大切ですよ!

バランスがよくオールマイティで欠点がない手相。純度も高く、2回の高額当せんにふさわしい

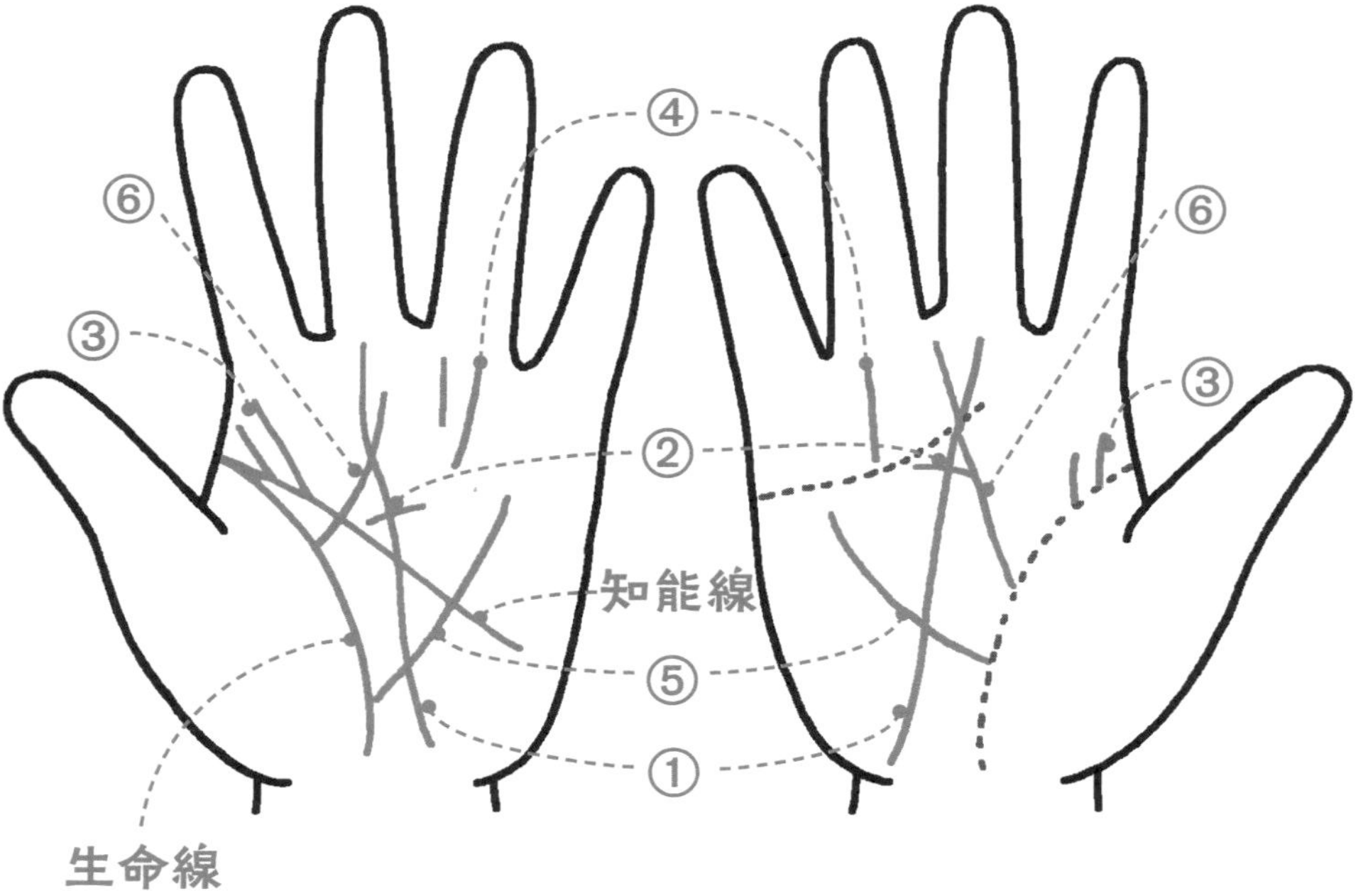

①人気運命線	小指側の手首の上周辺にある盛り上がった部分（月丘）から、中指に向けて昇る線	
	>>>	手首側から昇るほど、配偶者などの身内に支えられていることを示す。旦那さんとの共同購入で当せんしていることからもわかるように、身内に甘えて開運
②神秘十字線	知能線と感情線の間で十字にクロスしている線	
	>>>	物事を直感で判断していくタイプであるとともに、ご先祖様に強力に守られている証
③向上線	生命線上から人差し指へ伸びる線	
	>>>	「努力線」とも呼ばれ、夢や希望、目的などの達成のために努力をする人に現れる
④太陽線	薬指の付け根に昇る縦の線	
	>>>	生命線や感情線、知能線といった主要線より濃い、または同じぐらいの見え方ではなくさりげない薄さで金運線としてベスト
⑤商才線	生命線や運命線の下から小指に向けて弓型に入る線	
	>>>	特に知能線、生命線とクロスして三角形が作られている商才線は、いい運を持っているという表れ
⑥開運線	生命線や運命線の下から小指に向けて入る線	
	>>>	開運線、生命線、知能線で作られる弓型のきれいな三角形は非常にまれ。何かに成功している人に多く見られる

高橋さんの実際の手相

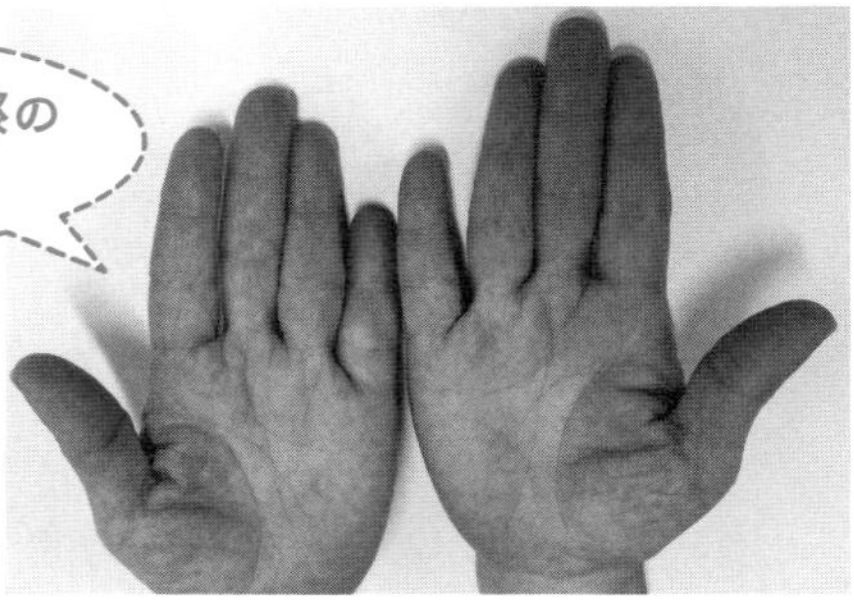

手を縦断するほどの人気運命線。お金を得たいより1等を当てたい、の表れ

実際の手相の写真（上）を見ると、横の線よりも縦の線が目立っていることがわかります。手相において、横線よりも縦線が明確なのは運気が強い相で長ければ長いほど吉相です。それが顕著なのが指の付け根から手首まで、手を縦断するほどの長さがある人気運命線です。

さらに、左手の中指の末端で枝分かれしている運命線は大変珍しいもの。このような手相の枝分かれは、たくさんあればそれだけ運が開けるということを示しています。もしかしたら、3回目の高額当せんの可能性もあるかもしれません。

一方、右手は人差し指寄りに線が枝分かれしています。人差し指は名誉を表すため、「お金を得たい」ということよりも「高額当せんをする」という事実に重きを置いているようです。実際に、高橋さんは当たることだけに集中していたということですから、まさにこの影響と言えるでしょう。

profile 07

肉眼でも確認できるほどの神秘十字線から直感型とわかる

肉眼でもはっきり見えるほど純度の高い神秘十字線は、100人に1人、天下を取ると言われるマスカケ線よりも少ないレベルのレアさです。

基本的に直感を信じれば判断を間違えることはありません。実際、1回当たってから23年間、「必ず当たる」という自分の気持ち（直感）に従ったからこそ、2回目の当たりに恵まれたのだと思います。

逆に何かに迷った場合は、普段から高橋さんを守ってくれているご先祖様がNGを出しているということ。悩んだらあえて「やらない」という選択肢を選ぶのがいいかもしれません。

ちなみに、神秘十字線に加えて感情線がたくさんある人は、反対されればされるほど意固地になりがちなので注意が必要です。

また、両手に出ている向上線も非常に純度が高いものです。「努力線」とも呼ばれるこの線は、努力すればするほど運気に直結しますので、当たるための努力が実を結んだのもうなずけますね。

みずほ銀行からもらえる『【その日】から読む本』。高額当せん者だけが手にすることができる

手のひらに表れる三角形は宝くじに当たるべき人のシンボル

最後に手のひらに見える3つの三角形についてお話ししましょう。

まず、生命線や運命線の下から小指に向けて入る商才線と、生命線、知能線によって作られた三角形。これは非常にバランスのとれた強運の持ち主で、人に好かれることが多いタイプの人に表れることの多いものです。

さらに、運命線、知能線、商才線によっても三角形が作られています。加えて、生命線から縦に向かう開運線、生命線、知能線でも同様に弓型のきれいな三角形ができていますが、このように3つの三角形を持っているのは非常にまれで、何かに成功している人に多く見られるものです。

つまり、高橋さんは宝くじに当たるべくして当たった手相の持ち主と言っても過言ではありません。今後も直感を信じて、旦那さんをはじめとした身内の力を借りながら宝くじを楽しんでいれば、いつかまた大当たりのチャンスが訪れるかもしれませんね。

profile 08

何回も当てた人

ロト7
3等156万円

ロト7
3等156万円

当せんの履歴書

フリガナ	サチ
氏名	幸
年齢	57 歳

現住所
千葉県

年	月	当せん歴	等級	当せん金額
2015	10	第130回ロト7	3等	156万500円
同上		第130回ロト7	3等	156万500円

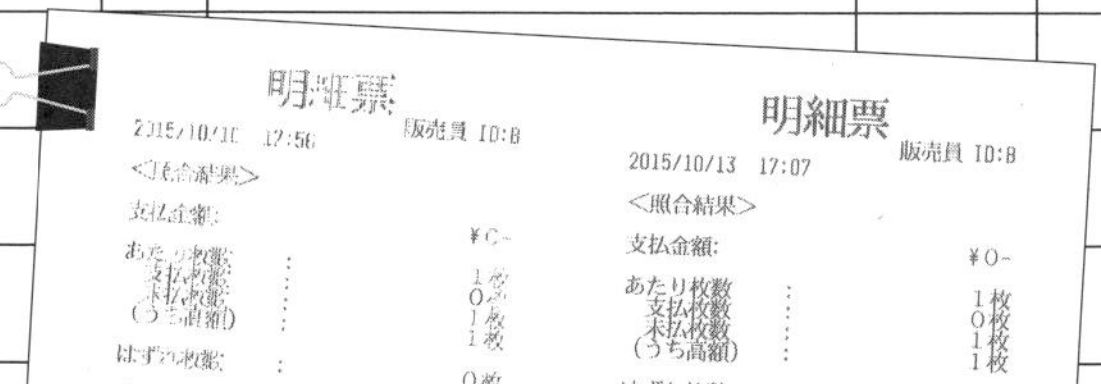

明細票
2015/10/13 17:07 販売員 ID:B
<照合結果>
支払金額: ¥0-
あたり枚数 : 1枚
支払枚数 : 0枚
未払枚数 : 1枚
(うち高額) : 1枚
はずれ枚数 : 0枚
<当せん明細>
未払明細
ロト7
全国自治
0130回号
3等 1口: ¥1,560,500-
未払の宝くじ券はお返し致し…
●高額当せん欄に、高額当せ…
表示されています。
●この宝くじ売場では、お支…
せん。本人確認資料（運転…
険証など）、印鑑（1口1…
の場合）を持参のうえ、受託…
店窓口にお早めにご呈示願い…

結果確認を2店舗でしたため、
2枚になっている明細票

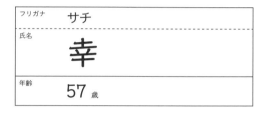

階段から転落し大怪我をしてしまった幸さん
キャー
ズテーンッ
そんな大怪我10億円もらってもしたくないわ
友人の言葉が
ムッ
絶対億当ててやるわ…
宝くじを始めるきっかけだそう
なるほど
継続買いをするべきなのね！
ロト攻略本
継続買いをしたつもりが、同じ回に2口買ってしまった幸さん…
ズーン
当せん前、何かと汚い夢を見ていた幸さん
あーー！うんこ！
ぐにっ
う〜〜ん

大怪我の前も夢を見たのよね
交通事故
何かイミがあるのかしら
え…金運にいい夢なの？
夢占い
ロト7の抽せん結果を確認する前には…
PACHINKO
8万勝ったわ！
これはロト7も期待できるわね
間違えて買った2口が当たってる…！
ロト7・3等
2口
312万
ドーン
前向きに買い続けること
そうすれば忘れたころにきっと当せんしますよ！

柔軟な思考回路ができる
一方で忘れっぽさもある
離れ型知能線が2口当せんに？

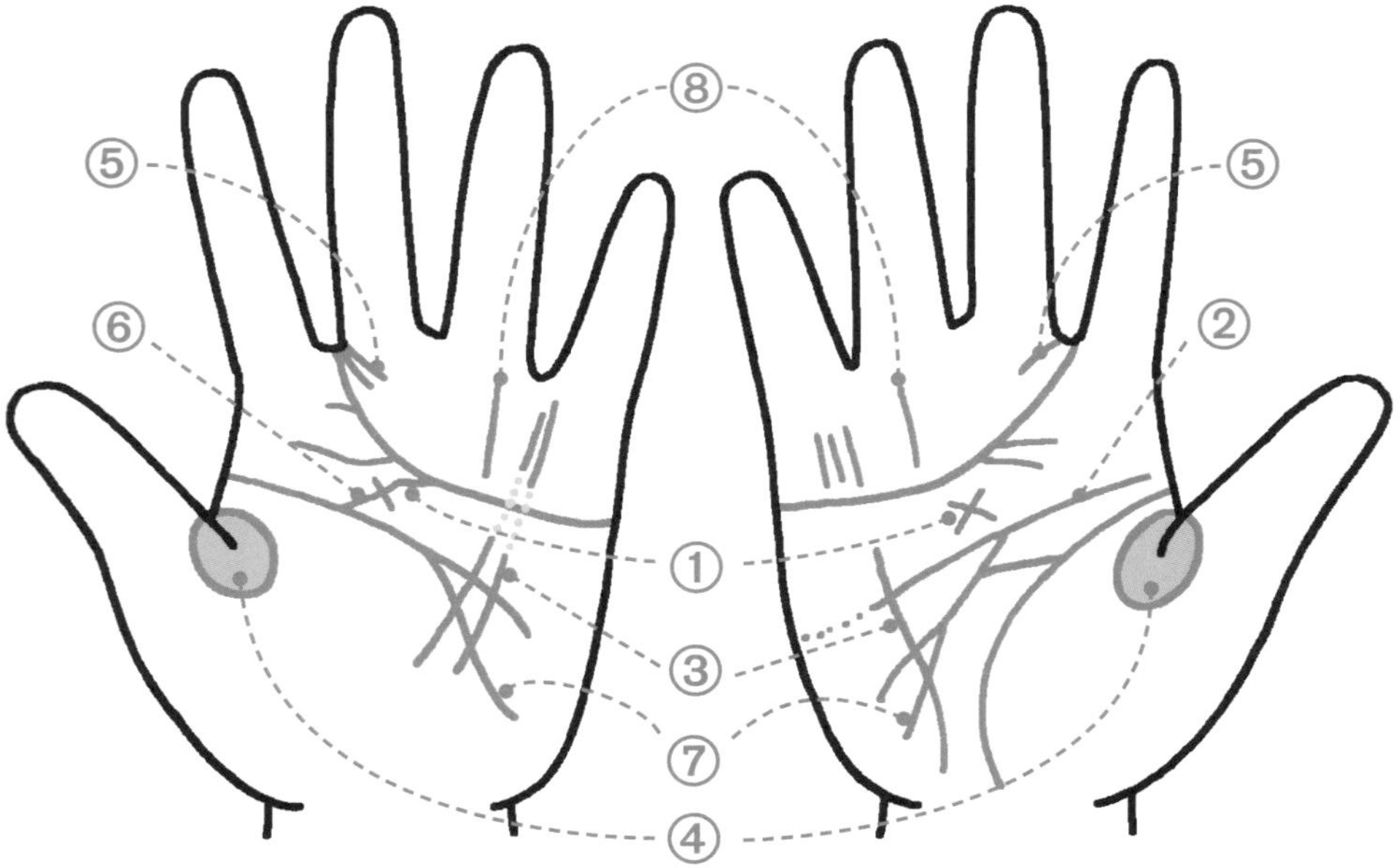

profile 08

①神秘十字線	知能線と感情線の間で十字にクロスしている線	
	>>>	九死に一生を得るといわれる相。ご先祖様からの加護を得られる一方、人よりも事故に遭遇しやすい一面も持ち合わせているので、アクシデントには注意
②離れ型知能線	親指と人差し指の間から出て、手のひらを横切る線	
	>>>	女性に圧倒的に多い相で、遺伝によって継承される。知能線と生命線が離れていればいるほど、思考回路が変わっていて個性の強いタイプで、1cm以内が理想
③商才線	生命線や運命線の下から小指に向けて弓型に入る線	
	>>>	商才があり、お金を儲ける嗅覚に優れる。宝くじでの小金稼ぎはピッタリ
④第1火星丘	親指と人差し指の間のふくらみ	
	>>>	野心や向上心が人一倍強いタイプ。ただし、持ち前の負けん気を発揮して好きなことにお金をかけ過ぎないように注意
⑤自己アピール線	人差し指と中指の間から薬指と小指の間にかけて弧を描いて伸びる線	
	>>>	自分を持っていて話し上手な性格で、人を惹きつける魅力がある
⑥変形マスカケ線	知能線と感情線が一体になった線。ただし、幸さんの場合は一部なりかけ	
	>>>	持ち主は変わり者である場合が多く、好きなことをとことん追求するタイプ
⑦人気運命線	小指側の手首の上周辺にある盛り上がった部分(月丘)から、中指に向けて昇る線	
	>>>	持っている人の多くは人には頼らない半面、人に対してはいろいろと施す傾向が。意識して人に甘えるようにすると、運気もアップ
⑧太陽線	薬指の付け根に昇る縦の線	
	>>>	幸運や金運、才能、成功に恵まれていることを示す相で、喜びを感じたり、感動したり、心を大きく揺さぶられた出来事があると表れる

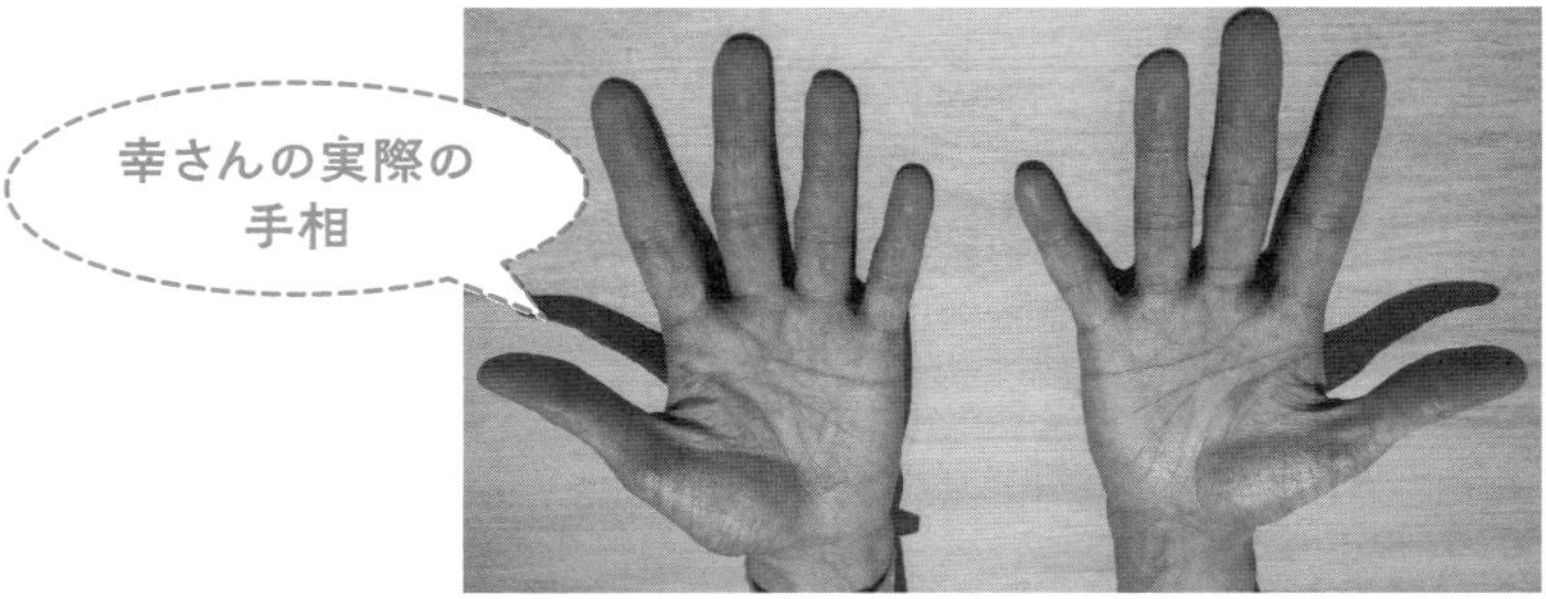

あるときは明るく大胆に行動し、あるときは奥手で慎重になる

神秘十字線を持っている人は、勘が鋭く、物事を決めるときは理詰めで考えるよりも、頭にパッと浮かんだことを行動に移すと吉。一方で、この線は九死に一生を得るといわれる相でもあり、事故に遭いやすい一面も。

当せんする1年前に命に関わるほどの大怪我をし、さらにお見舞いにきた友人の言葉に一念発起して宝くじを始めた幸さんの場合、まさにこの神秘十字線の影響が如実に表れていると言えるでしょう。

また、2本ある二重知能線から、大胆さと慎重さをどちらも兼ね備えた非常にオールマイティな方だと思われます。さらに右手の知能線は、生命線と知能線の起点が離れている「離れ型」であることがわかります。過去と未来を切り離して考えることができるため、やってきたことに固執しない性格。一方で、記憶機能があいまいになりやすいため、忘れっぽいことも。幸さんの場合、継続買いのつもりが〝うっかり〟2口買ってしまったのは、この離れ型知能線に起因するかもしれません。

野心や向上心は人一倍！宝くじものめり込み過ぎないように

生命線や運命線の下から小指に向けて弓型に入る商才線があるので、金運には恵まれます。しかしながら、野心や向上心が人一倍強いとされる第1火星丘が盛り上がっているので好きなことにお金をかけ過ぎないように注意が必要です。

続いて人差し指と中指の間から薬指と小指の間にかけて弧を描いて伸びる「金星帯」の一部としてとらえられる自己アピール線。その名のとおり、自分をアピールすることに長けています。宝くじに関しても、少額であれば買って当たったと友人たちと話題にして楽しさを共有してみるのもいいかもしれません。得意の話術で宝くじ仲間の輪が広がりそうです。

さらに左手を見てみると、変形マスカケ線が出てきているようです。マスカケ線は、知能線と感情線が一体となったもの。この相を持っている人は100人に1人ともいわれ、徳川家康や豊臣秀吉などがマスカケ線を持っていたという話は広く知られていますよね。好きなことにはとことん一直線タイプが多く、ともすると奇人変人に見られがち。宝くじものめり込み過ぎないように楽しむことが肝要です。

profile 08

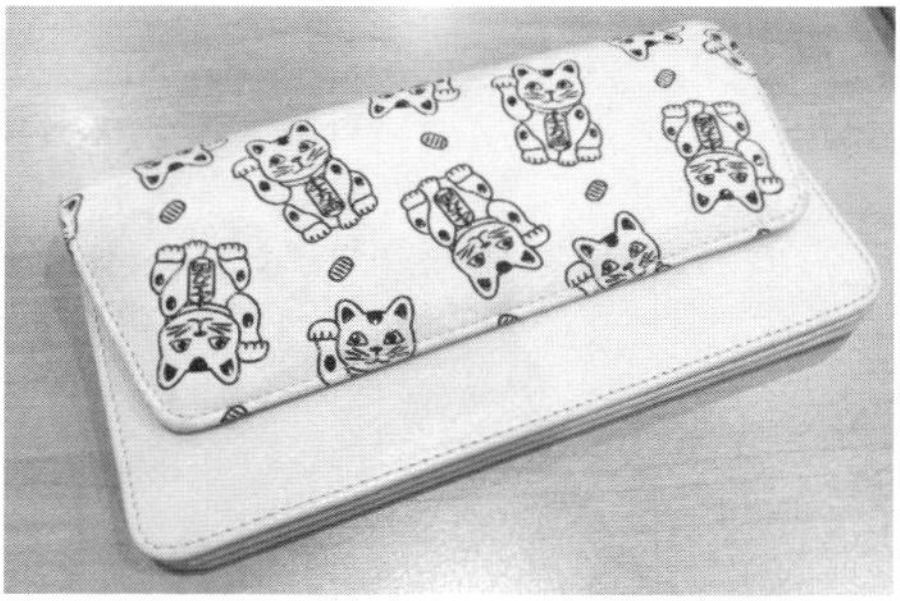

金運アップの黄色いアイテムを身近に持つことも幸さんのこだわり

太陽線の出現から50歳を過ぎてから大きな喜びが到来!?

月丘（92ページ）から伸びる人気運命線にも注目しましょう。月丘は他人の助けや引き立てを示している部分で、この線がある人は他人からの助力を得て運が開きます。ただ、人気運命線をお持ちの方は甘え下手の人も多いので、最初は遠慮してしまうかもしれませんが、無理にでも甘える努力をしましょう。そのうちにクセがついて、甘え上手になっていくはずですよ。

最後は薬指に刻まれている太陽線。太陽線は喜びを感じたり、感動したり、心を大きく揺さぶられた出来事があると表れ、宝くじで高額当せんを目指すなら注目しておきたい相ですね。もしこの線がない場合は書き足してみるのもおすすめです（18ページ）。

幸さんの場合は年齢でいえば52～53歳、加えて63歳前後にも太陽線があります。きっと、その頃にとても大きな喜びがあるのでしょう。宝くじを続けていれば、また当せんすることもあるかもしれませんよ。

09

profile

何回も当てた人

ナンバーズ4
ストレート100万円

ナンバーズ4
セットストレート39万円

当せんの履歴書

フリガナ	モトヤマ　ケイコ
氏名	本山 恵子
年齢	42 歳

現住所	神奈川県

年	月	当せん歴	等級	当せん金額
2018	1	第4827回ナンバーズ4	セットストレート	39万1,600円
2018	3	第4873回ナンバーズ4	セットストレート	35万800円
2018	3	第4875回ナンバーズ4	ストレート＋ セットボックス4口	108万5,900円
2018	3	第4879回ナンバーズ4	セットボックス2口	3万5,800円
2018	5	第4910回ナンバーズ4	セットボックス2口	2万9,600円
2018	5	第4923回ナンバーズ4	セットボックス	1万8,200円
2018	6	第4940回ナンバーズ3	ストレート＋ セットストレート	10万6,700円

ほか、半年でナンバーズ3&4総額209万8,800円当せん達成

離れ型の知能線で人とは違う発想ができる。知的活動で金運が上昇する相

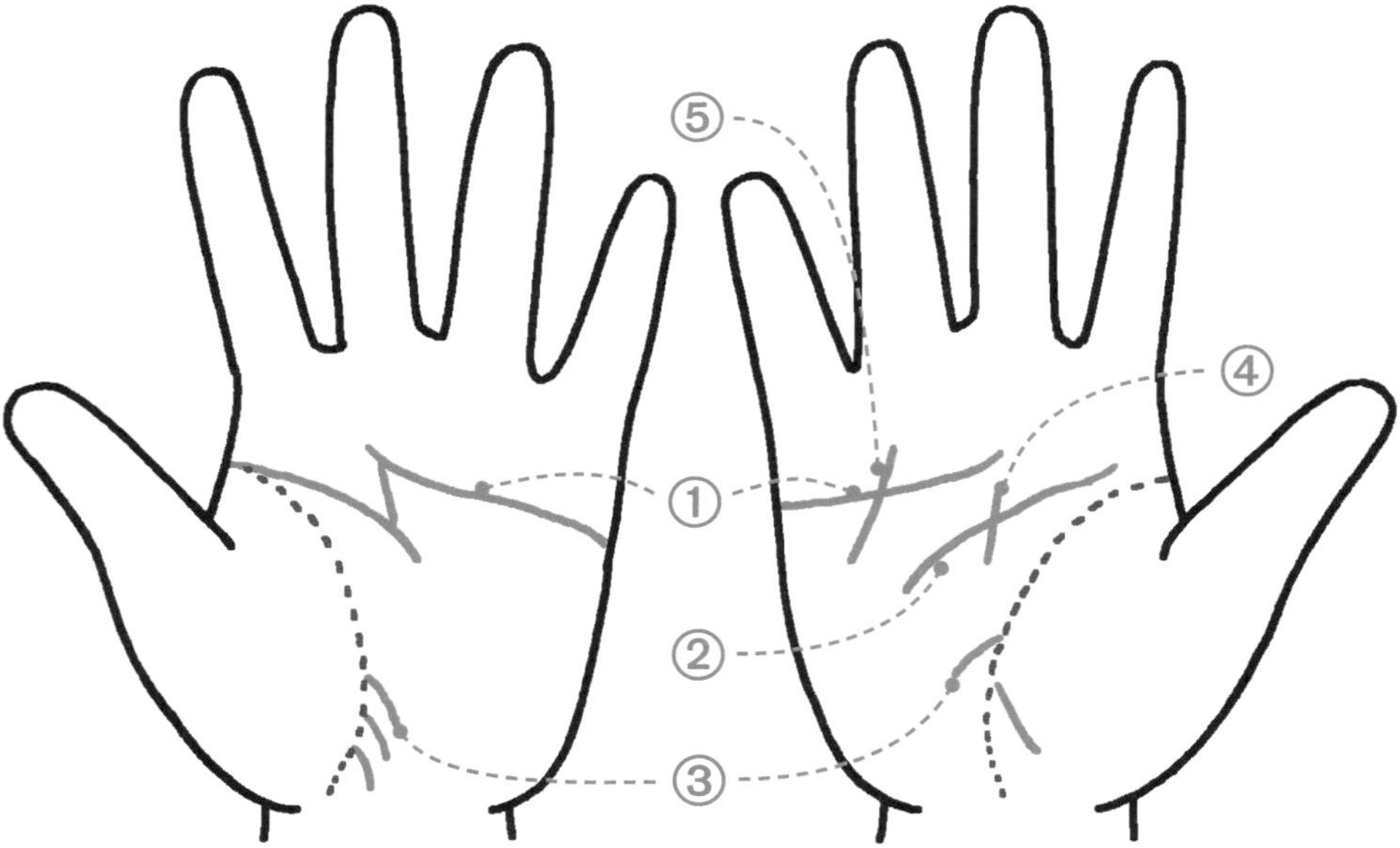

①感情線	小指の下から人差し指に向かう線	
	>>>	感情線が短く淡泊であっさりした性格。宝くじでも、大金を狙うといったガツガツした野望は持たない
②離れ型知能線	親指と人差し指の間から出て、手のひらを横切る線	
	>>>	人とは違う発想ができるタイプ。縁起のいい夢を見た日に宝くじを購入したり、当せん数字を表に書き込んだりと、独自の攻略方法で当せんに至った証左
③旅行線	生命線から、小指側の手首の上周辺にある盛り上がった部分（月丘）に向けて伸びた線	
	>>>	家の中にじっとしていても開運せず。宝くじ売り場の販売員である本山さんの場合、売り場で多くの方と接する経験で運気上昇に
④運命線	手首から中指に向かって伸びる線	
	>>>	自分の才能や知識を活かせる相。独自の攻略方法を売り場のお客様に披露すれば、ますます開運につながる
⑤太陽線	薬指の付け根に昇る縦の線	
	>>>	特に本山さんのような千客万来型の太陽線は周囲の支援や人気によってどんどん開運。売り場から当たりの輪が広がる可能性も

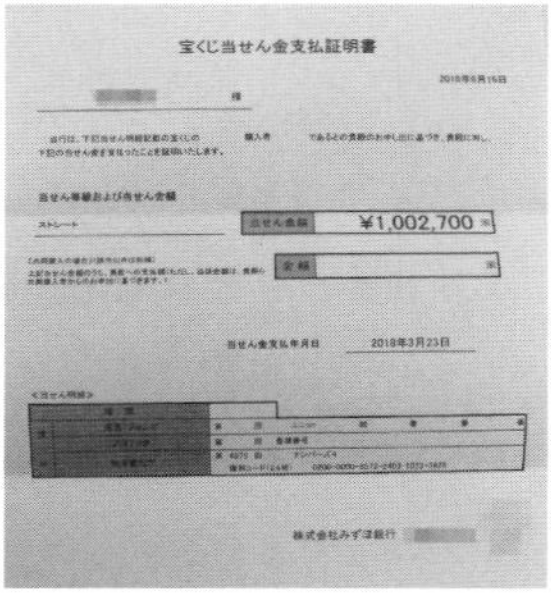

宝くじ当せん金支払証明書

当せん等級および当せん金額

ストレート

当せん金額 ¥1,002,700 円

当せん金支払年月日 2018年3月23日

株式会社みずほ銀行

「1回当たった数字はまた来る」と信じて買い続けた数字でストレート当せん！

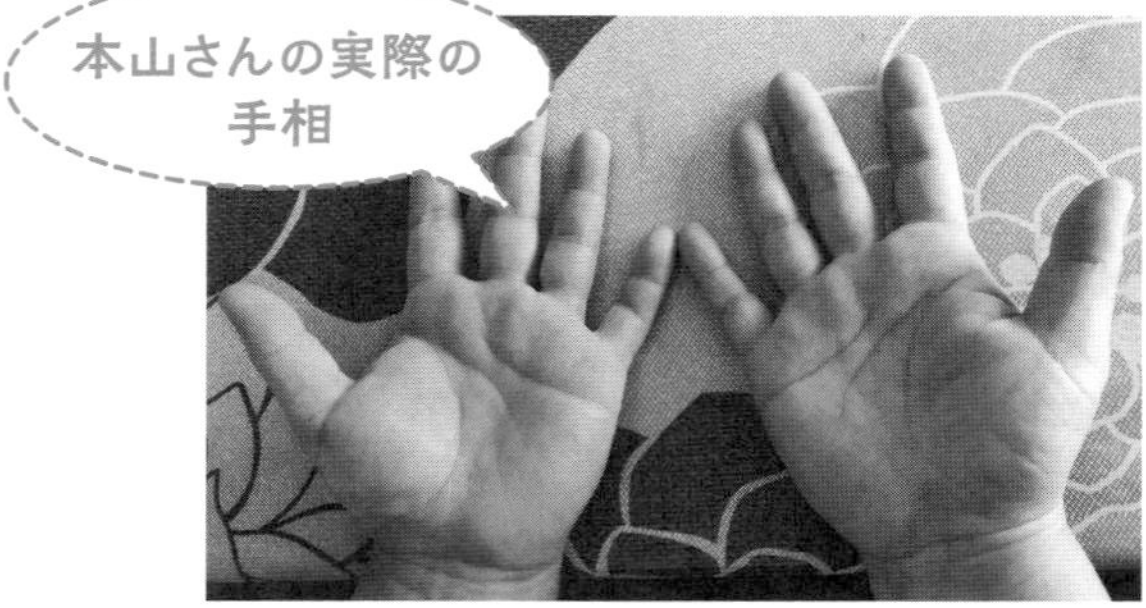

宝くじに夢中になったことで判断力や能力を示す知能線が伸びた

宝くじ売り場の販売員だった本山さんがナンバーズを始めたきっかけは休み明けの勘を取り戻すため、ナンバーズ4のクイックピックを1口だけ購入したところ、いきなりセットストレートに当せんされたことからと聞いています。そこから独自に研究、攻略方法を編み出して、半年で怒涛の200万円超え当せんを果たしたとはお見事です。

この行動でキーとなるのは感情線と知能線。短い感情線から、もともと淡泊で飽きっぽい性格がうかがえます。しかし本山さんは、宝くじに夢中になったことで運気がアップ。当せんという素晴らしい結果が伴ったほかに、知能線にも変化が表れたようです。それは、左手よりも右手の知能線が長くなったこと。宝くじを始めたことで数字にこだわりが出てきたために、判断力や能力、創造性などを表す知能線が後天的に伸びたということなのでしょう。

今後も接客業にピッタリの運命線と太陽線もうまく活かして、売り場の販売員として、またナンバーズ愛好家として精力的に動かれるといいと思います。

2章

強運手相とは

宝くじに当たりたい人が気になるのはやっぱり「金運」に関係のある手相。手相で金運を見る場合、どんなところがポイントとなるのか。強運手相の秘密に迫る！

左手と右手の相

左手

先天的な才能
精神的な変化

右手

後天的に
切り拓いてきた才能
具体的な変化

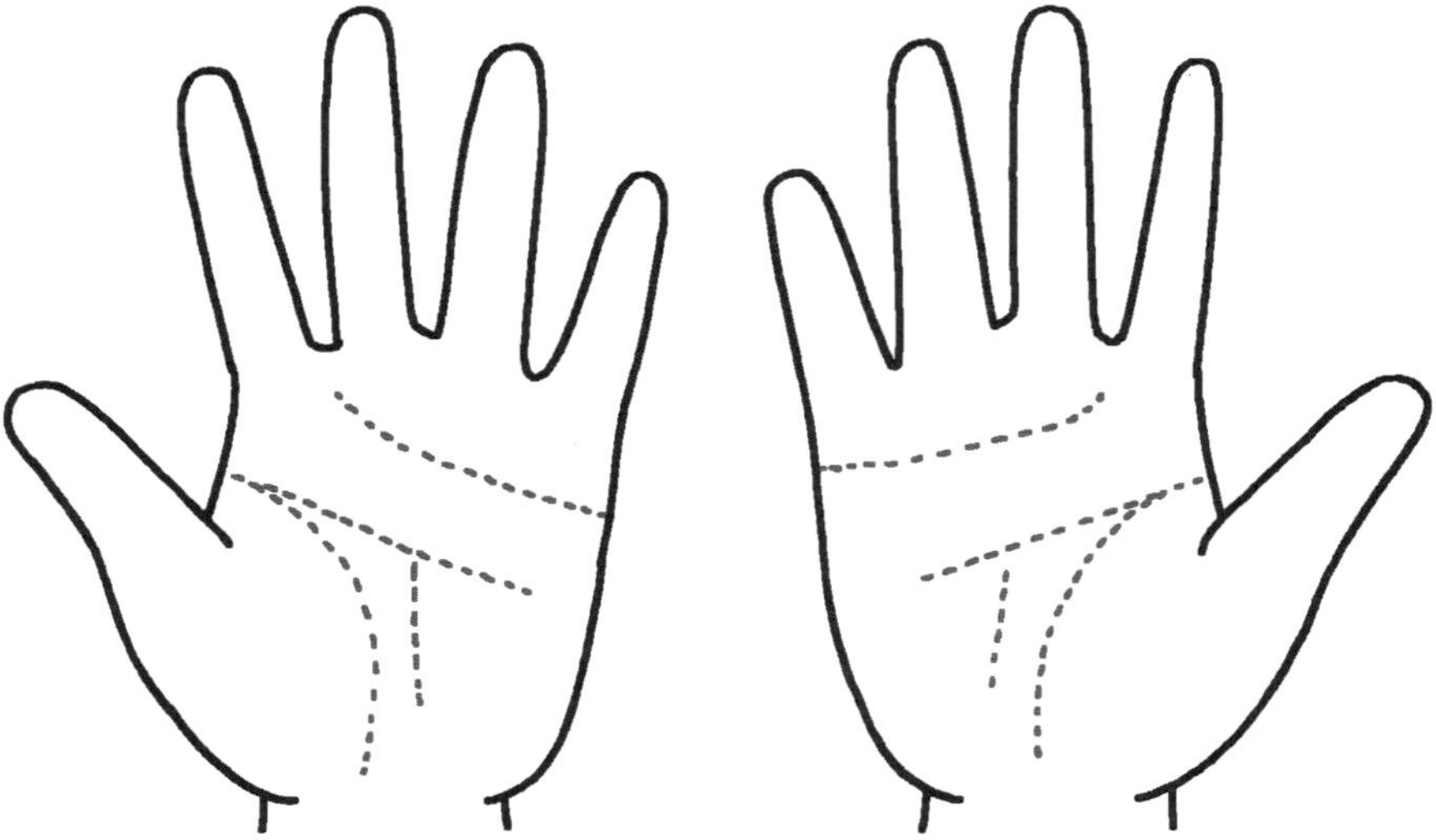

左右の相

左手には先天的、右手には後天的な運勢が表れる。手相が示す未来に向けて何をするかが大切

手相とは手のひらに刻まれている線のこと。手相には個人の性格や考え方、能力、健康状態、未来・過去、運勢の良し悪しなどが現れます。そして、手相は常に変化するもの。その人の環境や心境に変化が起こったとき、それによって手相も変化していくのです。

また、手相が示す未来は絶対ではありません。大切なのは、手相が示す未来に向けて何をどうするか。仮に開運を邪魔する線があっても、意識や行動で線を伸ばしたり、濃くしたりすることも可能です。

さて、ここで実際に自分の手のひらを見てみてください。左手には「先天的な才能」「幼少期に受けた影響」、右手には「後天的に身につけたもの」「切り拓いてきた才能」がよく表れます。幼少期から青年後期には左手の手相の影響を主に受け、35歳前後からは右手の手相の影響を主に受けます。その比率は、若い頃は左手の影響が6に対して右手は4。これが35歳を境に左手が4に対して、右手が6に変化します。つまり、手相は35歳以降で右手が中心になっていくということです。左右で全く異なる手相の人は人生が大変化しても何ら不思議ではありません。左右似た手相にせよ、まったく違う手相であるにせよ、両手で総合的に判断することが重要です。

知能線の長短

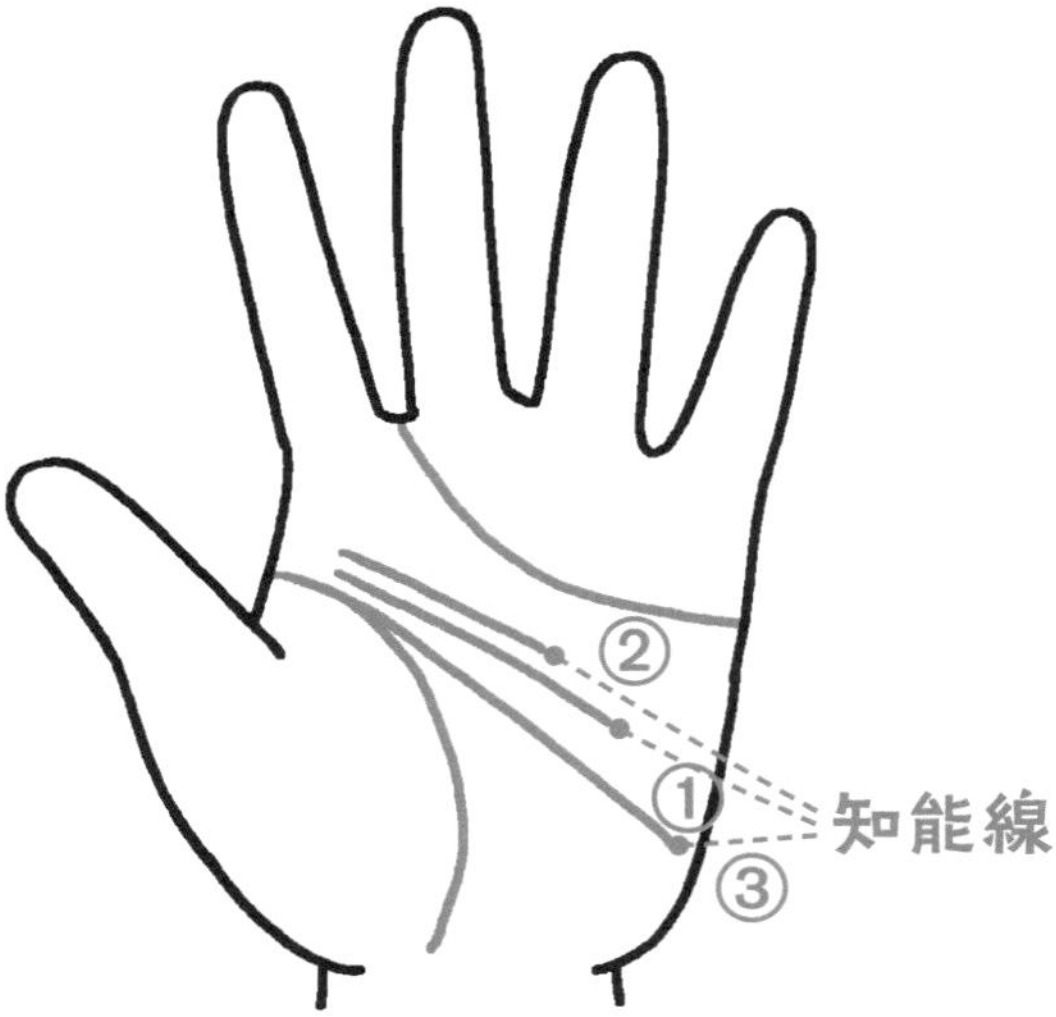

親指と人差し指の間から出て、
手のひらを横断、または斜めに
走る線

知的な面や才能、性格などを示します。金運を判断することもできます。

線の長短

標準① 薬指の中間で終わる線
短め② 薬指の中間より短い線
長め③ 薬指の端より長い線

POINT!

短い人はひらめき重視の即断即決型。宝くじは運要素が強い普通くじ向き
長い人は地道なデータ分析型。宝くじは自分で数字を選んで攻略できる数字選択式宝くじ向き

知能線

金運を見るなら、まず知能線を見よ。知能線からお金を稼ぐセンスがわかる

手相の線の中で、基本となる3つの線が「知能線」「感情線」「生命線」。これらの線は誰もが持つものですが、長さやカーブの角度などは人それぞれです。そのうち、宝くじの当せんに関わる線と見ていいのが知能線。親指と人差し指の間から出て、手のひらを横断、または斜めに走る線です。

現代は頭を使ってお金を稼ぐ時代。知能線にはその人の知的な面が表れますから、お金を稼ぐセンスや、お金を得るための努力などが判断できるというわけです。

大切なポイントは知能線の長さ。知能線が短い人は、物事をパッと決断できるため有能な方が多いのですが、世の中で活躍できる期間が短いことが多いですね。一方、長い知能線をお持ちの人はじっくりと考慮するタイプ。難問を地道にコツコツと解いたり、問題についていくつものパターンを想像したりすることができ、活躍期間も長いことが多いのです。

これを宝くじに当てはめてみると、知能線が短い人はひらめきが影響しやすいジャンボなどの普通くじ、長い人は毎日コツコツ買って当たりを目指すナンバーズなどの数字選択式宝くじが向いていると言えそうです。なぜなら、実際の当せん者の方の手相を見ると、この傾向に当てはまる人が多くいらっしゃったからです。

感情線の長短

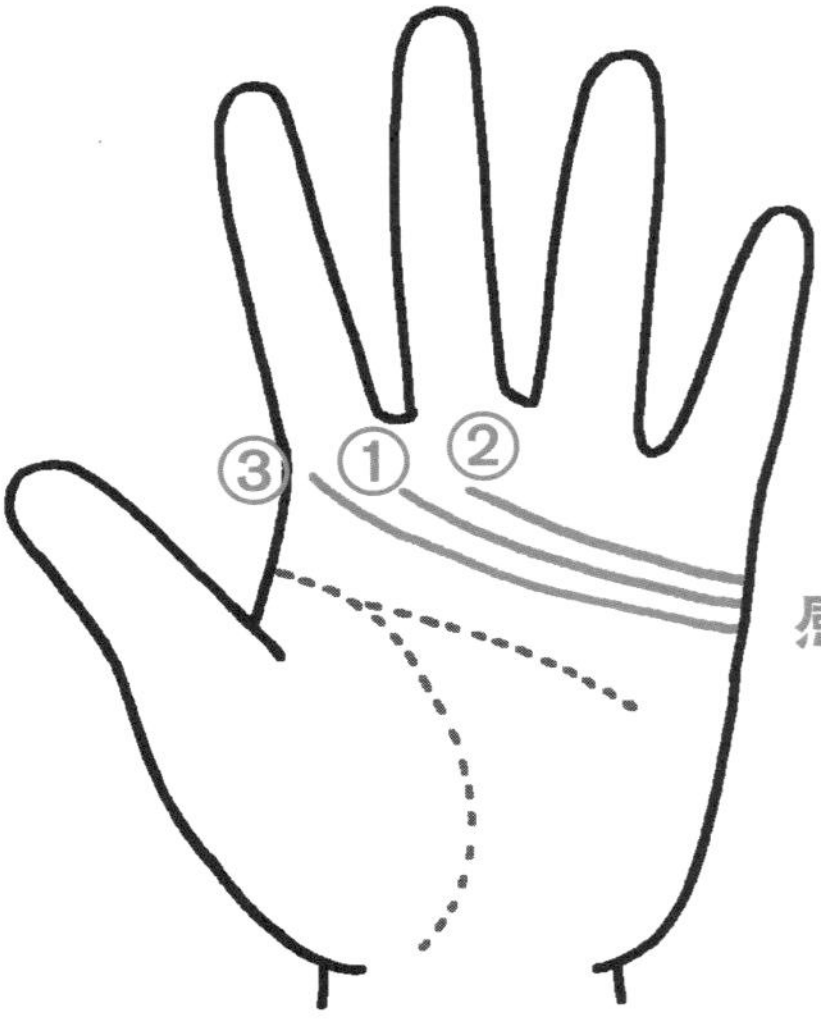

小指の下部から出て手のひらを横に走る線

行動や感情を司るため、性格を判断することができます。

線の長短

標準①　人差し指と中指の間くらいまで伸びた線
短め②　中指の真ん中より短い線
長め③　人差し指の端（中指側）より長い線

POINT!

短い人は感情の起伏が少ない分、盛り上がりにくい性格。
粘り強く宝くじ当せんを狙いたいなら、徹底的に突き詰める長めの線になるよう、書き足しましょう

感情線

感情線の長短で性格をズバリ判断。長ければ長いほど、宝くじ運も開ける

小指の下部から出て手のひらを横に走る感情線。この線は行動や感情を司り、その人の性格を知ることができます。

知能線と同じく、注目したいのはその長さ。長短によって、感情を理性でコントロールできる性格かどうかがわかります。感情線が短い人は諦めが早いタイプですから、宝くじを買っていても「買っても当たらない」「どうせ無理だから」などと断念することが多いと思います。一方、長い人はというと冷静沈着で真面目、徹底的に突き詰めるタイプのため、当たるまで買い続ける性格と見受けられます。

宝くじに当たるためには、何よりも買うことが大切です。買わなければ、当せんのチャンスも訪れません。ですから感情線が短いタイプの方のための、ワンポイントアドバイスとして感情線を複数書き足して枝分かれさせる方法があります。詳しくは143ページに紹介していますので、これまで何度も買っては止めを繰り返してきた人は参考にしてみてください。

それに加えて「絶対に成し遂げる」と強く思い続けるようにすれば、感情線も自然に伸びて運勢も開けていくことが期待できます。

感情線のカーブ

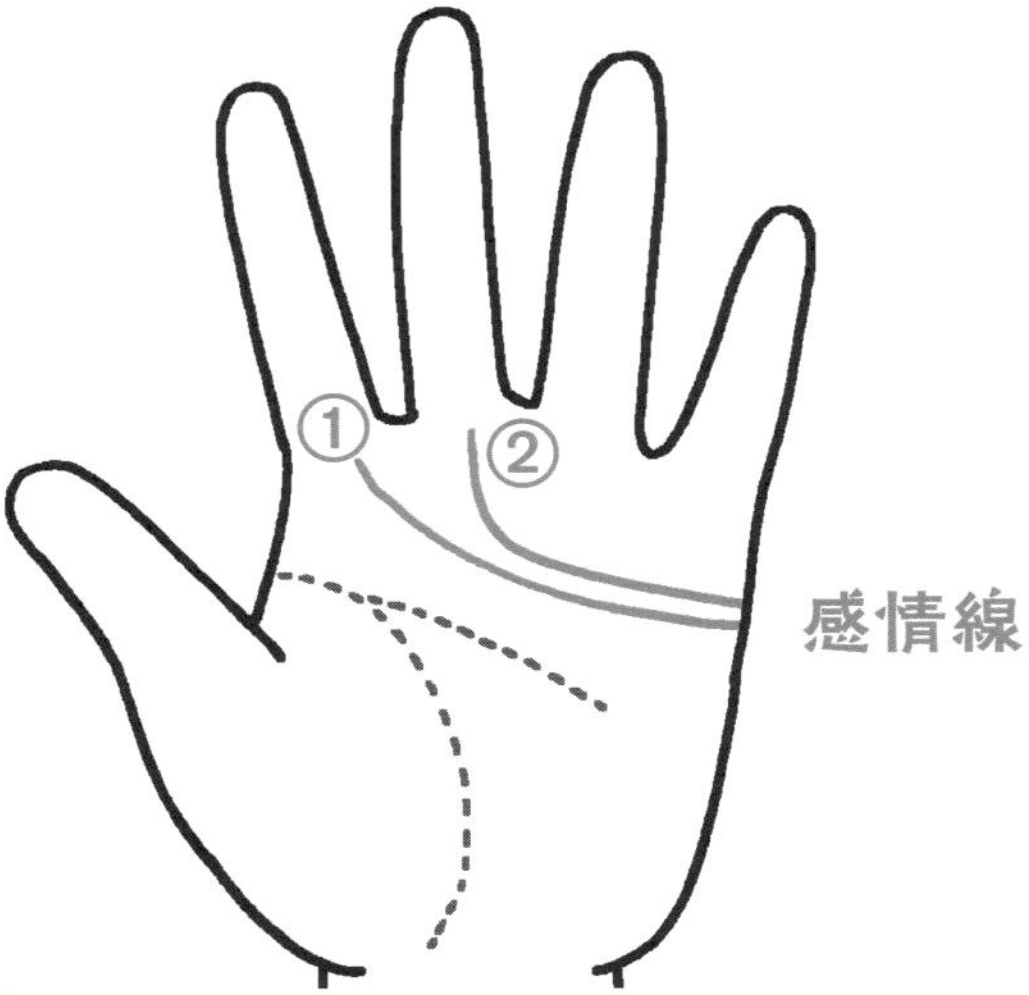

線のカーブ

①標準的な感情線

人差し指と中指の間くらいまで線が伸びていて、カーブはゆるやか。感情のバランスが非常に整ったタイプです。

②カーブが急激に上がった感情線

熱しやすく冷めやすい性格。のめり込みやすいという一面も持ち合わせているので、宝くじに夢中になり過ぎないように注意しましょう。

感情線

感情線が急激にカーブしている人はのめり込み過ぎないように注意！

感情線でもうひとつ、注意していただきたいポイントがあります。それはカーブの角度（線の先端の位置）です。感情線があるときから急激に指の付け根に向かってカーブしている場合は要注意。急カーブした感情線をお持ちの方は激情家であることが多いからです。

宝くじは当然、賭ければ賭けるほど当せんする確率は上がっていきます。でも、たとえばナンバーズなどは毎日抽せんが行われていますし、先ほど述べたようにお金をどんどんつぎ込んでしまえば、長期間続くわけがありません。

また、カーブが向かう指によっても性格がわかります。中指の下は努力を示しているため、感情線が中指に向かっている人は自分の感情を抑えるタイプ。たとえば宝くじを買いたいと思っていても、家族の気持ちを優先して購入を断念している人もいるかもしれません。一方、人差し指の下は野心や希望を表しているので、こうしたタイプの方は熱くなり過ぎてのめり込んでしまうことも。

もし、本書を手に取った方の中に感情線のカーブが急激に上がっている人がいたら、のめり込みそうになる前に少し冷静になって立ち止まってみましょう。

生命線のカーブ

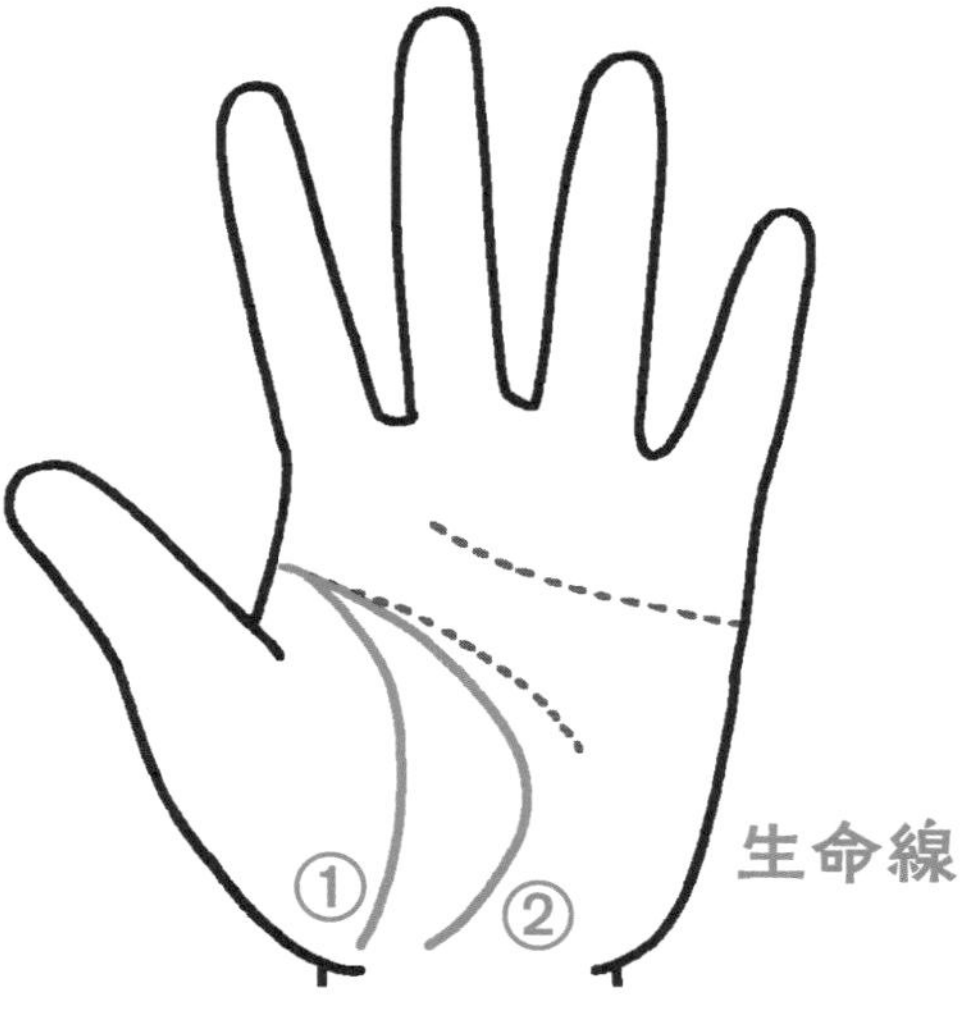

親指の付け根の上から出て手首のほうへカーブしている線

生命力（バイタリティ）や健康状態などが表れます。

線のカーブ

標準　中指から真っすぐ下ろした想定ラインに当たるくらいのカーブを描く線
①小さい　中指から真っすぐ下ろした想定ラインよりカーブが内側になる線
②大きい　中指から真っすぐ下ろした想定ラインをはみ出すくらいの大きなカーブを描く線

POINT!

生命線のカーブが大きい人は、より精力的に宝くじを購入することで幅広い楽しみ方ができる。カーブが小さい人は無理のない範囲でコツコツ続けるのが吉

生命線

生命線のカーブでタフさがわかる。宝くじの買い方にも違いが出そう

生命線は、親指の付け根の上から出て手首のほうへカーブしている線。その人の生命力（バイタリティ）や健康状態などを見ます。手首まで長く伸び、カーブが大きくなるほど生命力があるといわれていますが、決して寿命が長いというわけではありません。

生命線のカーブが大きい人は生きていく体力、エネルギーに満ちあふれています。精力的な活動ができるという意味では、いろいろな宝くじ売り場に足を向けてみたり、遠方で購入したりするのもいいでしょう。

逆にカーブが小さい人は生きるための体力やエネルギーが弱いタイプ。他人と同じように行動していると疲れてしまう可能性もあります。宝くじもあまり無理はしないで、自分のできる範囲で続けるほうがいいでしょう。体調が悪いときは無理に買いに出かけようとはせず、ネット購入するのもいいかもしれません。

ただし、生命線に沿うようにしてもう1本の生命線をお持ちの方がいます（二重生命線）。この線には、生命線を補助する役割があるため、そのぶん体力も補われると考えてかまわないでしょう。

カーブの大小に良し悪しはありません。自分の生命力やエネルギーを把握して、それぞれに見合う生活を送ることが大切です。

運命線の起点

手のひらの真ん中あたりを縦に走る線

社会や人生とどのように向き合い、どのような方向へ進んでいくかを判断します。

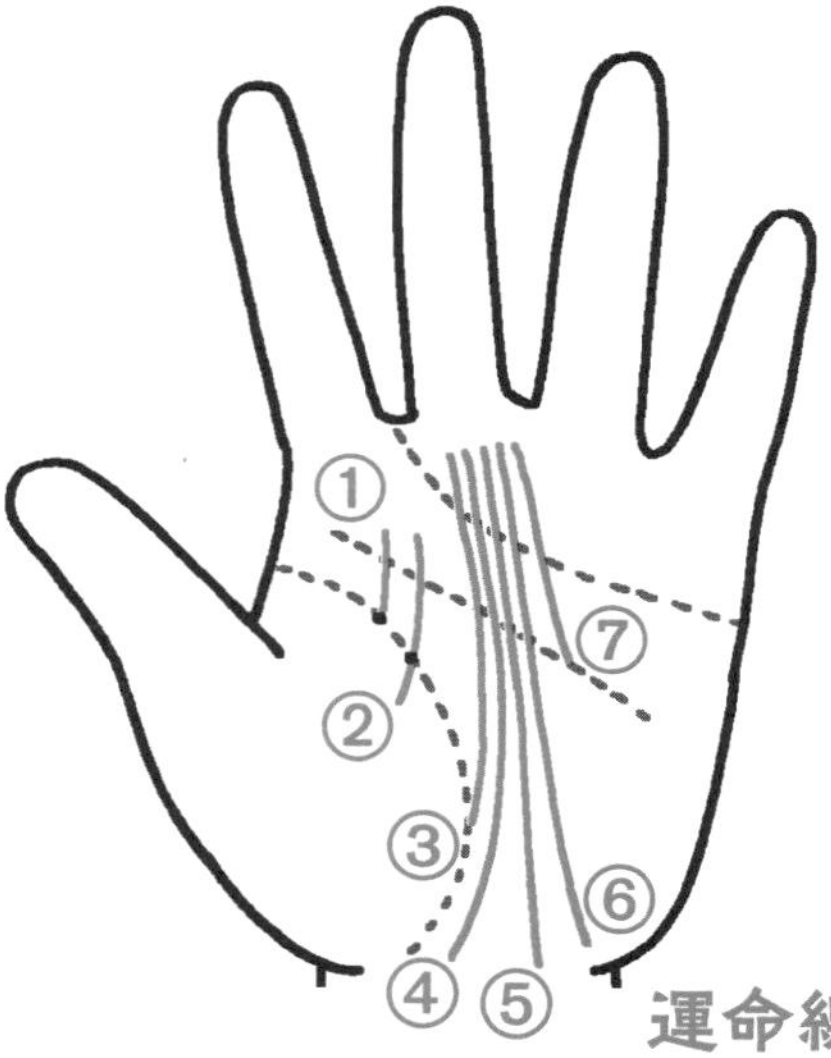

運命線

線の起点

①生命線から昇る運命線

「開運線」と呼ばれる線。飛躍や結婚、昇進などの開運事があることを示しています。

②生命線の内側から中指の付け根に昇る運命線

身内や周囲の人たちの援助によって開運する「身内開運線」。

③生命線の下方から中指の付け根に伸びる運命線

努力と精神によって運命を切り拓く力のある人に表れる線です。

④手首の親指側より昇る運命線

「長男・長女相」といわれる線。それ以外の人に出ると、長男・長女の役割を担うことを示します。

⑤手首の中央から中指へ昇る運命線

周囲の人たちに頼らず、物事を自力で進める人に表れる線です。

⑥小指の下から中指に伸びる運命線

「人気運命線」ともいわれ、周囲の人たちからの援助や人気、恩恵で開運します。

⑦知能線の上から始まる運命線

才能で生きるタイプで、先生や専門家に多い手相です。

運命線が始まる場所によって開運のポイントが存在する

その人が社会や人生とどのように向き合い、どのような方向へ進んでいくかがわかる運命線。

この線が長く真っすぐに伸びている人は、目標に向けてぶれずに進んでいく力を兼ね備えているタイプです。一方で、短い人は目標や夢を見失っている人、あるいはこの先それが見つかる人です。ですから、若い頃は運命線がないことも多く、年齢を重ねるとともに表れることが多いのが特徴です。

運命線には金運との直接的な関わりはありませんが、その起点によって開運のポイントがあります。

たとえば生命線から昇ると「開運線」とも呼ばれ、縦線が始まる部分に相当する年齢に結婚や昇進などの開運事があると判断します。宝くじ当せんも大きな喜びとなる出来事ですから、開運線をお持ちの人は当せんのチャンスもあるかもしれません。

また、小指側の手首の上周辺から中指に向けて昇る線は「人気運命線」。この運命線は、周囲の人たちの援助や恩恵で開運できるタイプのため、宝くじを購入している人は身内や友人などに頼ると運が開ける可能性があります。

太陽線の起点

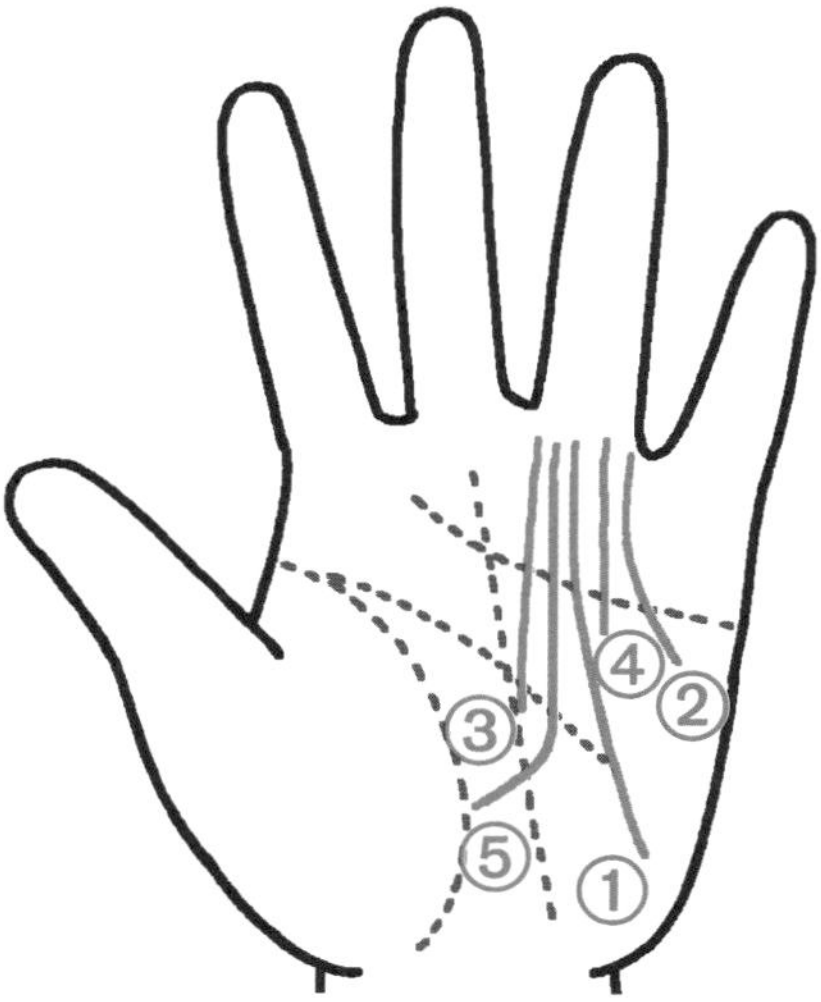

太陽線

薬指の付け根に昇る線

金運や幸福、人気、名声を示しています。

線の起点

①小指下、手首寄りのふくらみから昇る太陽線

人から注目をあびる職業で開運します。昇進などの開運事があることを示しています。

②小指下、手のひらの中程から昇る太陽線

接客業や人の信頼によって成り立つ商売などで開運します。

③知能線から昇る太陽線

資格を取得したり、教師など人に教える職業や行動で開運します。

④薬指下、手のひらの中程から昇る太陽線

一般的な太陽線。持っているだけで金運はもちろん、人気も上昇。

⑤生命線から昇る太陽線

最強の金運線。

太陽線

誰にも刻まれるわけではない線。だからこそ金運上昇の効果絶大

「幸福の線」「成功線」とも呼ばれ、金運や幸福、人気、名声を示している線。これが薬指の付け根に昇る太陽線です。お金持ちとして知られている人、芸能界で成功している人には、たいていあるといわれています。ただし、濃くハッキリと刻まれている＝《イコール》よりお金持ちというわけではありません。あくまで自分基準で線の濃淡は変わります。実際に、何回も宝くじに当たった人、億が当たった人の手相を見ると、この太陽線が刻まれている方も多くおられました。

その意味を知れば、宝くじ当せんに直結しそうな魅力的な線ですが、残念ながら誰にでも刻まれる線ではありません。ですから、本書を読んでいる方の中にも「見当たらない」という人も少なからずいると思います。

でも、大丈夫です。そんな人は太陽線をペンで書き足してみましょう（詳しくは18ページ参照）。

太陽線にも運命線と同じように、起点によって意味合いが変わってきます。ご自身の立場に照らして書くもよし、最強の金運線といわれる生命線から昇る太陽線を書くもよし。まずは運気上昇におすすめの金色のペンで書き足してみることです。こまめに書いて太陽線を脳に記憶させることで、いつしか本物の線になっていきますよ。

手相の線

手相の縦線・横線

横線の多い人

ストレスや不安を
抱えている人
ネガティブな一面も

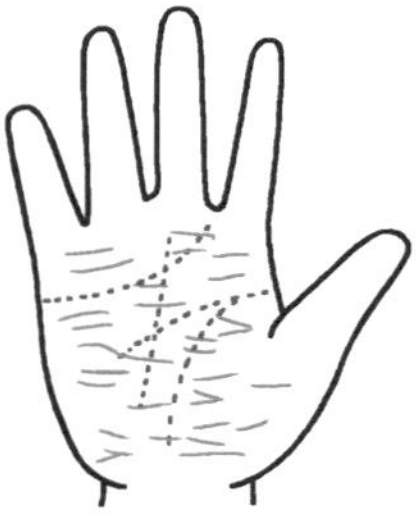

縦線の多い人

これから運が開ける人
または、今強運を
つかんでいる人

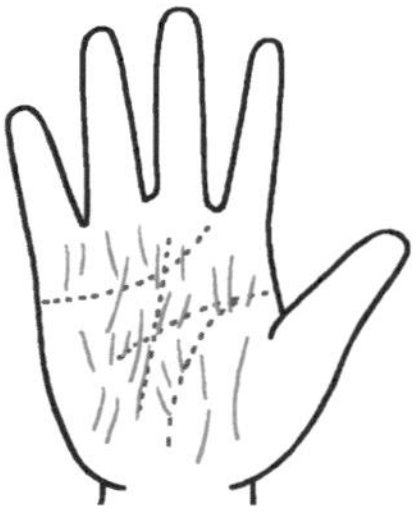

線の多い・少ない

線の少ない人

体育会系
小さなことにはこだわらない
大ざっぱな性格

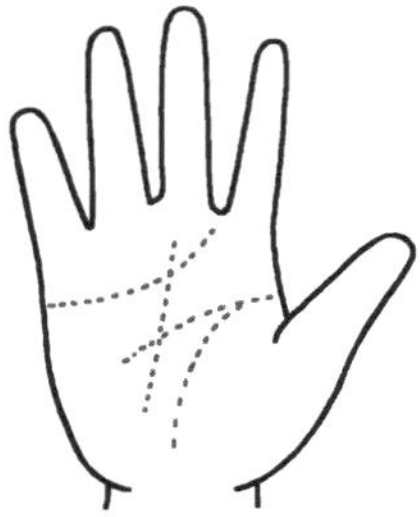

線がたくさんある人

繊細で心配性なタイプ
気遣いのできる人

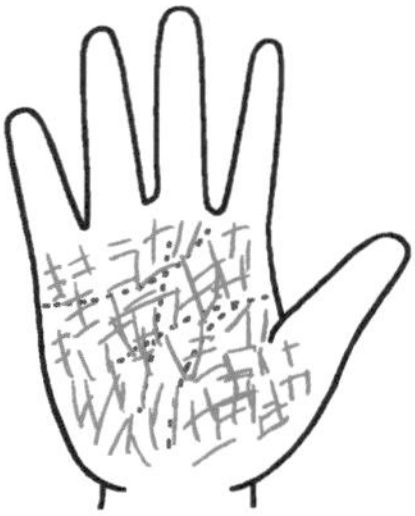

縦線が多いのは運が開ける証拠。線の数からは性格が見えてくる

これまで手相において主要な線を開運や金運に関係する項目についてお話してきました。ここからは、手のひらにある細かな縦線や横線、線の多い・少ないについてお話したいと思います。

まず、縦に伸びる線が多い人は、これから運が開ける、もしくは今現在強運であることを示しています。なぜなら、縦線には幸運や成功を示している線が多く、吉相であるから。逆に、横線は困難や障害を表しますので、精神的な疲労やストレスを抱えていたり、もともとの性格がネガティブな人に多く見られます。

ただし、手相は日々変化していくものです。また、今はそうではなくても「このままでは、そうなる」といった警告の意味もありますから、事前に知っておけば注意しておくこともできるでしょう。

また、線の数（多い・少ない）からは性格を知ることができます。主要な線以外にも細かい線が無数にある人は、繊細で心配性なタイプ。気遣いができ、周囲からは「優しい」と見られることもあります。一方、線が少ない人は小さなことにはこだわらない、大ざっぱな性格で、度が過ぎれば「無神経な人」と思われがちです。このように、線の数を見ることで自分の性格を見きわめられれば、今後の言動も気をつけることができるでしょう。

手のひらの丘

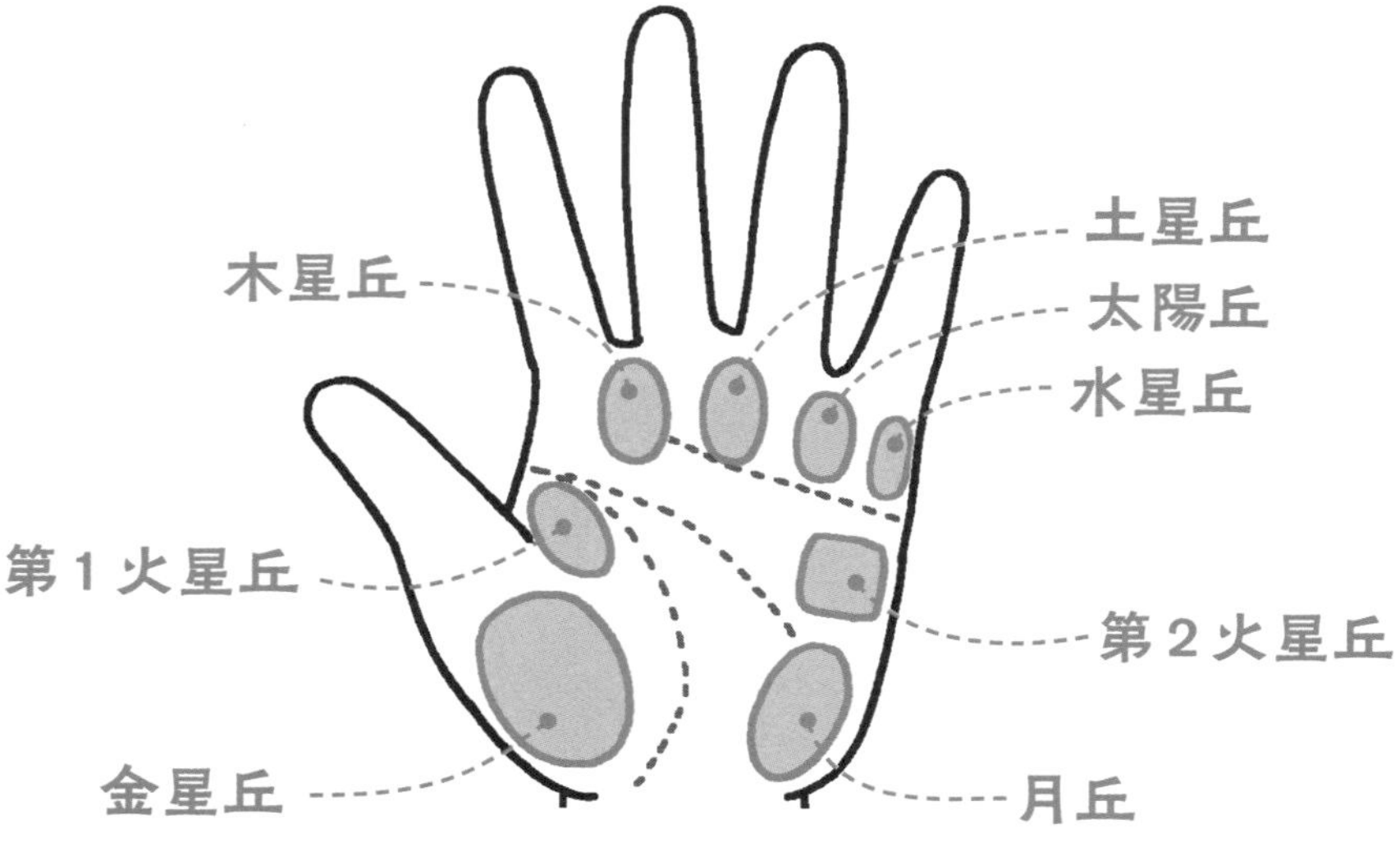

木星丘
野心や向上心、権力欲、独立心

土星丘
思慮、努力、忍耐

太陽丘
名誉や名声、人気、金運

水星丘
言語、コミュニケーション能力、商才

火星丘
活動力、闘争心、勇気

金星丘
愛情運、健康、人生を楽しむ能力、芸術性

月丘
想像力、人気運

丘の盛り上がりでどんな性格や才能に恵まれているかがわかる

手のひらを広げると、肉付きのいい盛り上がった部分がいくつかあります。このふくらみの呼び名は「丘《おか》」。丘は、大きく盛り上がっていたり、発達していればいるほど、その丘の持つ性質や性格、才能に恵まれていると判断します。

また、手相の線は日々変わっていくものですが、丘も先天的なふくらみが運気によって増減します。手相の線とは違い、比較的わかりやすいものですから、自分の運気を簡単に知ることができるでしょう。

その中で金運に関するのは「太陽丘」。薬指と小指の中間の下に当たる部分です。この太陽丘が大きく盛り上がっている人はすでに金運に恵まれているか、もしかしたら今後、金運が開けてくるかもしれません。

また、当せん者のみなさんの中には、手のひら中部の親指側にある「第1火星丘」が発達している方が数名いらっしゃいました。ここが発達した人は、強い意志や闘争心を持つといわれているため、「絶対に当ててやる！」といった強い気持ちが当せんという結果につながったのかもしれません。いずれにしても、丘は運勢を見る上で重要な存在であることは明らかです。

指は天体からくるエネルギーをとらえるアンテナの役割をしている

少し話はそれてしまいますが、それぞれの丘にはなぜ惑星や太陽、月などの名前が付けられているのでしょうか。やや専門的な話になりますが、占星術における天体の役割と丘には大きな関わりがあると考えられているためです。

たとえば、親指の付け根にある丘は「金星丘」と呼ばれています。その名のとおり、金星から来るパワーやエネルギーを司り、主に愛情や健康、人生を楽しむ能力などが表れます。また、小指の下にある「月丘」は月からくるパワーを蓄えていて、想像力や人気運を表しています。

ではそれぞれの天体のエネルギーはどうやって手のひらに伝えられているかというと、指がその役割を果たしているといわれています。丘がエネルギーの貯蔵庫だとすると、指はそれらをとらえるアンテナなのです。

ですから、5本の指はそれぞれ、親指＝金星、人差し指＝木星、中指＝土星、薬指＝太陽、小指＝水星と密接に関わっています。

金運に関係のある線を太陽線（88ページ）と呼んでいますが、これは太陽丘に向かって刻まれる線だからです。そして太陽は光と熱・芸術と栄光、そして富の星と考えられているため、太陽のエネルギーをため込む丘に刻まれる線には金運のパワーがあると見るのです。

column 3

3大線をつないで浮かび上がるのは――
ラッキーMの書き方

小指の下から人差し指に向かって走る感情線、親指と人差し指の間から小指の下のふくらみに向かって走る知能線、知能線の出始めから手首に向かって下に入る生命線。この3つの線をつなげると、アルファベットの「M」のように見えますよね。これが、通称ラッキーM。運気アップの相です。もともとM字が刻まれている手相をお持ちの方もいますが、大半は感情線と知能線をつなぐ線のないMになりかけの相。でも1本線を加えればMになりますから、金ペンでさっと書き込んでしまいましょう。脳は目で見たものを「ある」と認識しますので、普段から書いておけば次第に実線となっていきます。

書くタイミングは勝負する前、両手ともに書くのが重要です。その際、注意したいのは具体的な願い事をすること。ただ「大当たりしたい」と抽象的に願うのではなく、「●●売り場で買ったロト6で1等2億円に当せんする」といった具合です。さらに当たったらどうするか、その後のことまで想像するとなおいいでしょう。

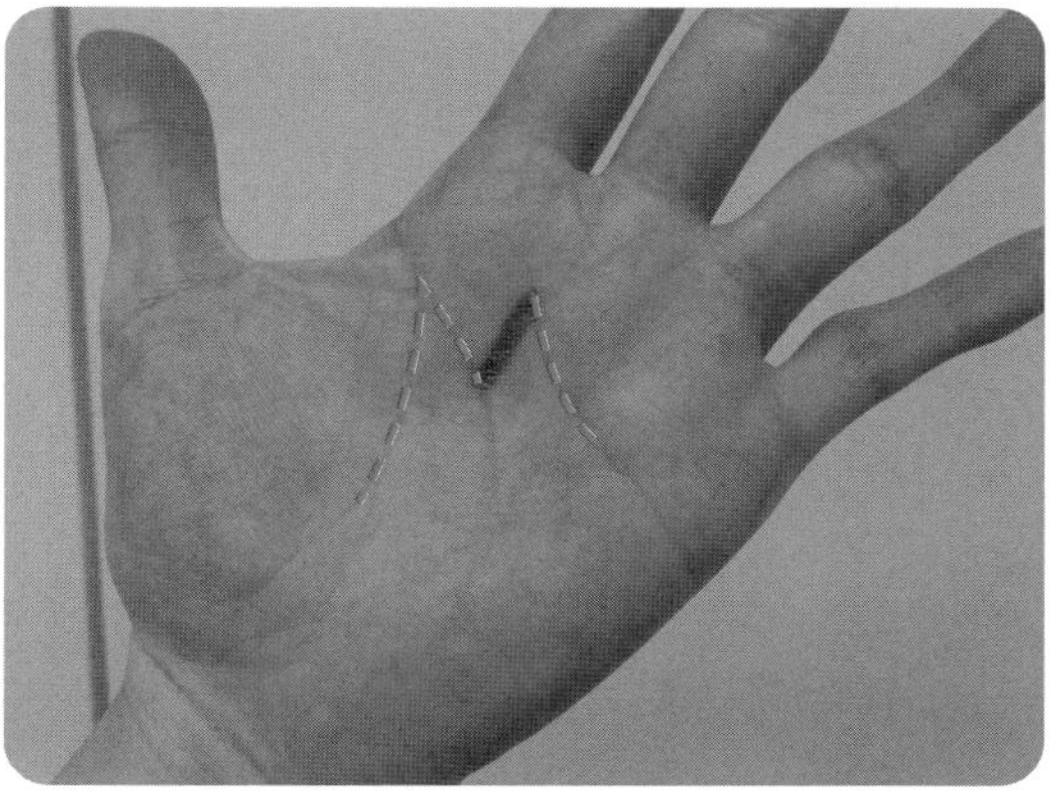

通称ラッキーMと呼ばれる運気アップの相を金色のペンで書き足しましょう。Mに足りない線を書くだけでOK ！

3章

大きく当てた人の手相

ここからはまさに一発逆転、たった1回で人生が変わった「億万長者」が登場。普段なら到底手に入れることのできない高額当せん者の実態と手相との関係とは？

profile

10億を当てた人

totoBIG
1等6億円

当せんの履歴書

フリガナ	ウタダ トシヤ
氏名	唱田 士始矢
年齢	52 歳

現住所	福岡県

年	月	当せん歴	等級	当せん金額
2008	9	totoBIG	1等	6億円

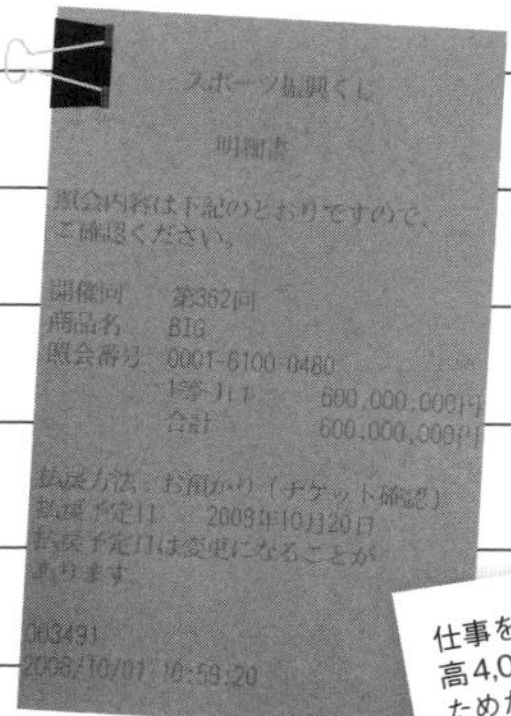

スポーツ振興くじ

明細書

照会内容は下記のとおりですので、
ご確認ください。

開催回　第362回
商品名　BIG
照会番号　0001-6100-0480
1等 1口　600,000,000円
合計　600,000,000円

払戻方法　お預かり（チケット確認）
払戻予定日　2008年10月20日
払戻予定日は変更になることが
あります。

003491
2008/10/01 10:59:20

仕事をクビになり、銀行の預金残高4,000円のなか、宝くじを買うためだけに東京から福岡に飛んで購入。その1口が1等6億円となり、起死回生の結果となる

こっ
独身
アラフォー
無職
これは…
貯金ゼロ
totoBIG1等
6億円!!
ド
ン
唱田士始矢さん
占いや方位学を
独学で学んでいた唱田さんだが—
占い
方位学
突如会社をクビに
ズーン…

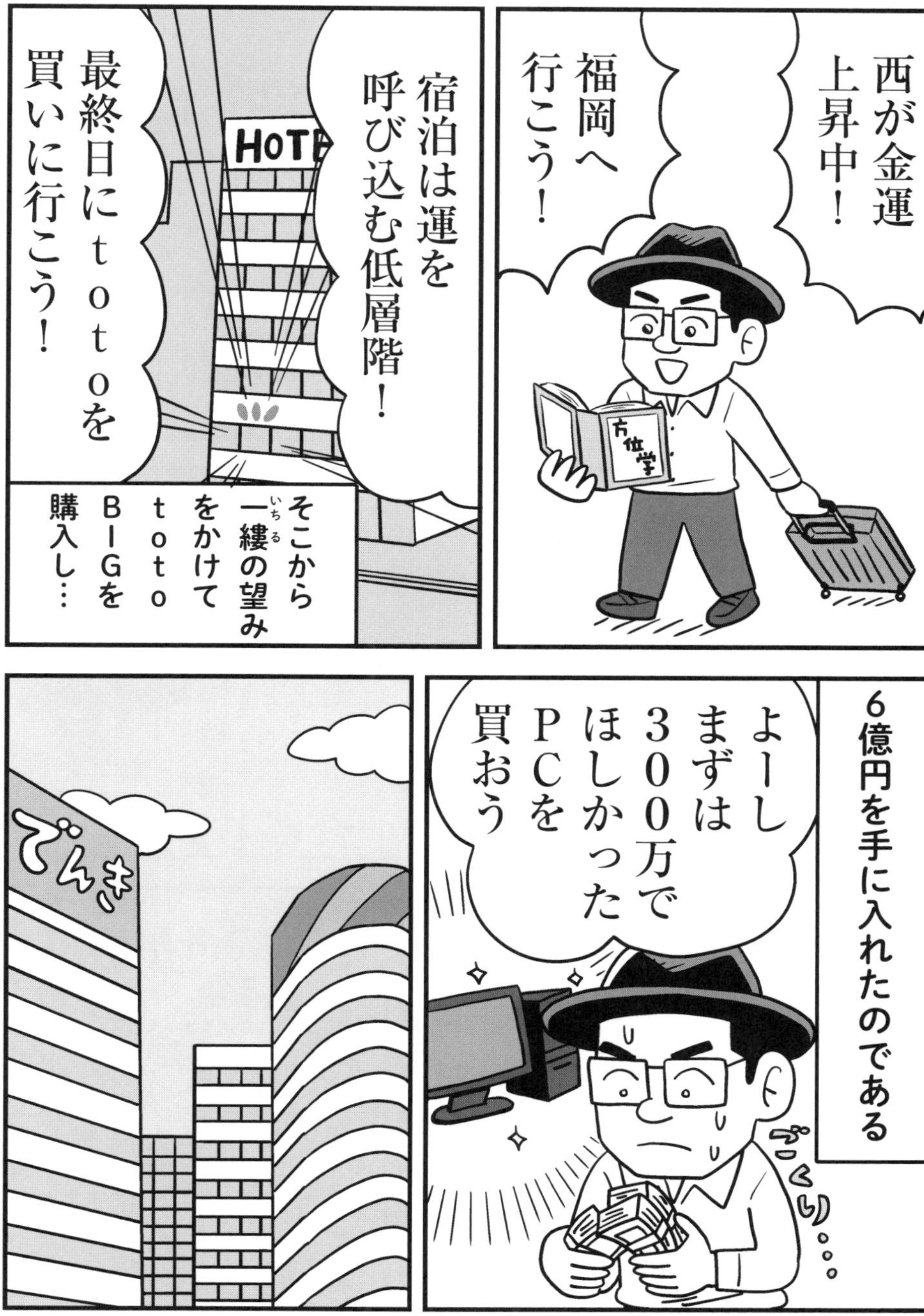
西が金運上昇中！
福岡へ行こう！
方位学
宿泊は運を呼び込む低層階！
最終日にtotoを買いに行こう！
そこから一縷《いちる》の望みをかけてtotoBIGを購入し…
6億円を手に入れたのである
よーしまずは300万でほしかったPCを買おう
ごくり…
でんき

帰宅後
!?
ドーン
クロムハーツ 250万円
なぜこんなものを!?
PCはどうした?
その後も散財を続けー
クルーザー
高級車
キャバクラ豪遊
3億円以上もつかってしまった
うわあああ!!
通帳
金持ちが幸せとは限らないんだな…
クルーザーもポルシェも売ってしまおう

人は運気にまかせて生きると楽になるんだなぁ…
学びを得た唱田さんはー
開運アドバイザーとして活躍していくことになる
この日は北の方に旅行すると運気が高まりますよ！
もうお金は十分ですね
はい
億が当たったからこそ普通でいることがいかに大切かわかりましたね
ピカーーッ
なるほど…

うまく気運を高めた末の当せん！
左右の手相の違いから
波瀾万丈な人生が見え隠れする相

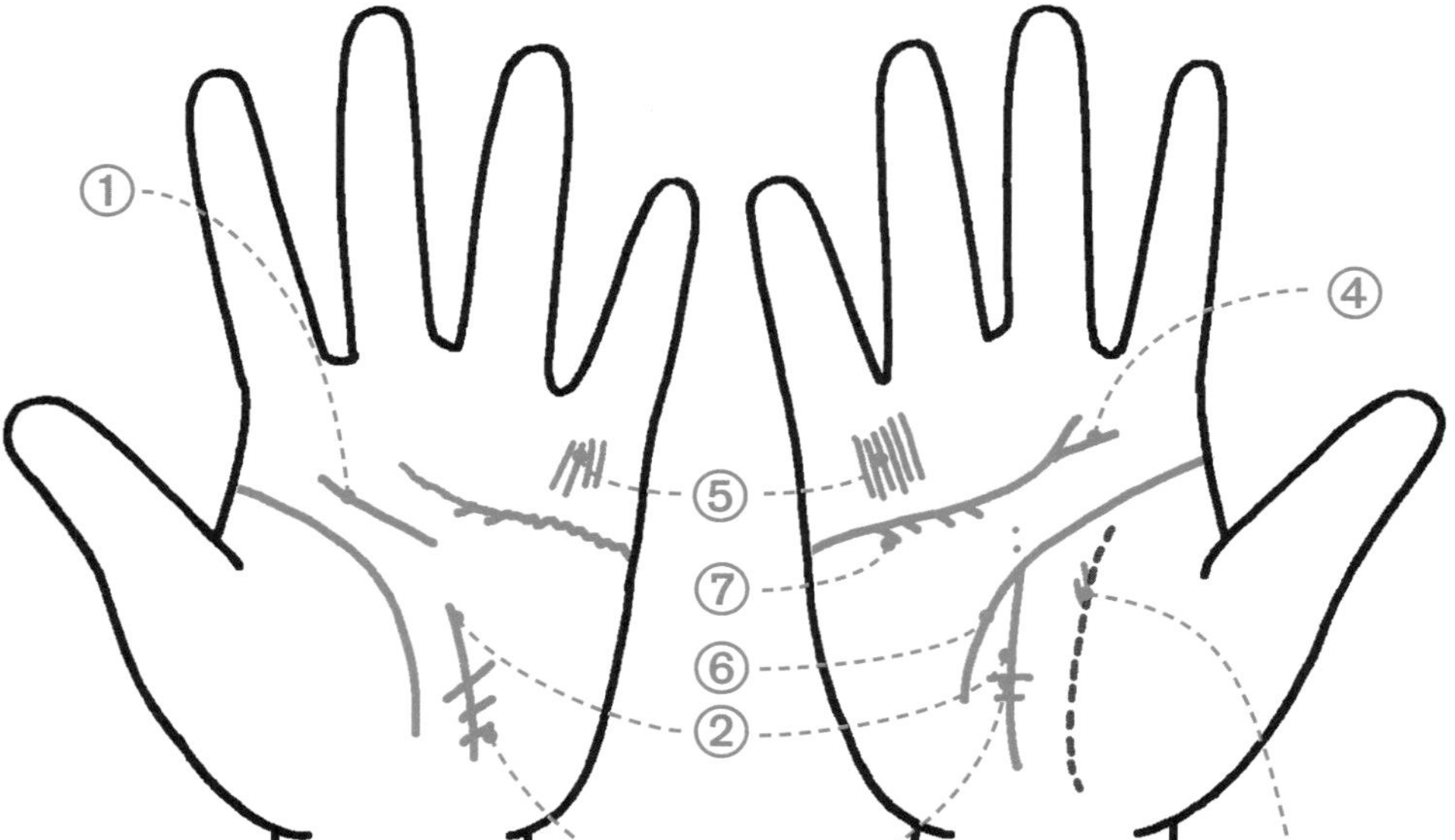

profile 10

①離れ型知能線	親指と人差し指の間から出て、手のひらを横切る線	
	>>>	知能線の始まりが生命線と離れている、離れ型知能線。この線を持つ人は人とは違う発想ができる
②運命線	手首から中指に向かって伸びる線	
	>>>	左右どちらも手のひらの真ん中あたりでぷっつりと途絶え、感情線の上からふたたび濃く刻まれる。線が薄い間は大きな苦労を経験した可能性がある
②'障害線	運命線を切るように横に走る線	
	>>>	左右の手の付け根手前に運命線を横断する線がいくつか存在する。この時期はいろいろなトラブルが起こりやすい
③開運線	生命線や運命線の下から小指に向けて入る線	
	>>>	文字どおり運が開ける線。開運線が出始める30歳後半は、唱田さんが6億円に当たった時期と一致する
④感情線	小指の下から人差し指に向かう線	
	>>>	右手の枝分かれした感情線から、ちょっとのことではへこたれない粘り強さを持つ
⑤散財線	小指の下に縦に細かく刻まれる線	
	>>>	散財する傾向にあることがわかる線。当たったのち、一晩で1,500万円を使ったり、数百万の指輪を購入したエピソードもうなずける
⑥知能線	親指と人差し指の間から出て、手のひらを横切る線	
	>>>	左手は真っすぐなのに対し、右手は下がっていることから、スピリチュアルに傾倒する性質があることがわかる
⑦感情線の支線	主となる感情線から出る短い下向きの線	
	>>>	感情線の下に線が入っていることから、サービス精神が旺盛になっていることがわかる

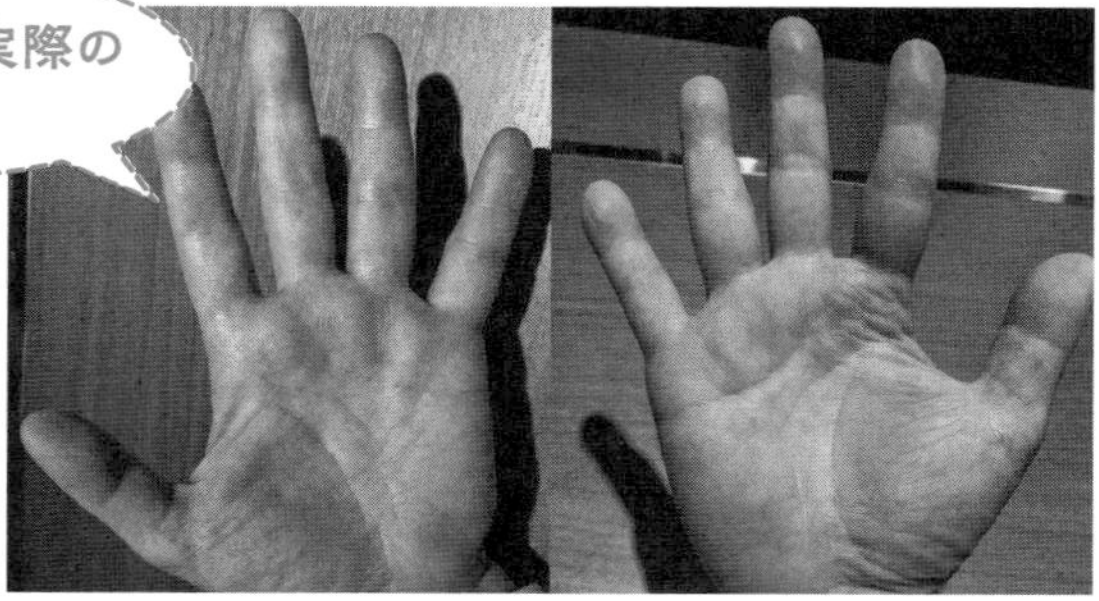

左右でガラッと手相に変化が。それに応じて人生にも転機が訪れた？

唱田さんの手相は左右でまったく違うタイプ。左右の手相の運気のバランスが移り変わる35歳前後のタイミングで、人生に大きな変化が訪れたことを意味します。実際に40歳手前で6億円当せんを果たされておられますから、この変化も納得できるものでしょう。

さらに気になるのが手首から中指に向かって伸びる運命線。唱田さんは左右ともに手のひらの中心あたりで一度ピタリと途切れ、ふたたび感情線の上から濃く刻まれます。流年法で見ると30～40歳の頃の空白の期間は何をしてもうまくいかず苦労されたのではないでしょうか。聞けば、この時期、結婚の約束までした彼女と別れ、理不尽な理由でお仕事もクビになったとのこと。そういった苦難が表れているのだと思います。

しかし、40歳後半を皮切りに開運線や太陽線、商才線も複数出てきていますから、唱田さんにとって「億が当たる」のは左右の手相が変わるほどのターニングポイントだったことがわかりますね。

profile 10

人と違った発想だからこそ億万長者にたどり着いた

左手の知能線は離れ型知能線といい、先天的に人と違う発想をされてこられたかもしれません。子供の頃はそういった突飛な行動が「変わった子」と周囲からとらえられ、生きづらかったのではないでしょうか。さらに、手首寄りの運命線に複数の太い障害線が入っていますから、20～23歳頃は精神的にもつらい経験をされた可能性があります。実際に、ご家族とは幼少時から仲が悪く、それもあって20歳を過ぎてから吉凶を占う方位学をご自身の行動指針にされたと聞きました。

それを裏付けるのが知能線。左手にはリアリストの真っすぐな線があるのに対し、右手は中ほどからグイッと下に向かうロマンティストの線になっているからです。このタイプは霊感も強く、占いといったスピリチュアルに傾倒することも多く見られます。

唱田さんは吉凶を占う吉方位を信じて向かった福岡県で購入したtotoで1等当せんをつかんでいますから、うまく気運に乗って成功したといえるでしょう。

もともと海が好きで船舶免許も持っていたことから購入したクルーザー。購入代金だけで1億3,000万円！

若い頃の苦労に向き合ったからこそ今があるとわかる相

唱田さんの手相は左手よりも右手に吉相が目立ちます。つまり、唱田さんの場合、幼少時から青年期の苦労を投げ出さなかったからこそ、切り拓いてきた才能が表れる右手に多くの吉相が出てきていると考えられます。

また、大金を得て精神的にも安定したからでしょうか。右手の感情線の下に支線が出ています。これは情が深い、優しい性格である証。ただし、情にほだされやすいということでもありますから、お金絡みの詐欺には十分注意しましょう。

最後に小指の下の散財線。これはもう言うまでもなく、高級指輪や車、クルーザーやラスベガスのカジノなど、ありとあらゆる贅沢をした経験によるものでしょう。逆に言えば、そこまで思い切りよく大金を使えたのは人とは違う発想ができる離れ型知能線をお持ちだからこそだとも言えそうですね。

11

profile

億を当てた人

年末ジャンボ宝くじ
1等前賞1億円

当せんの履歴書

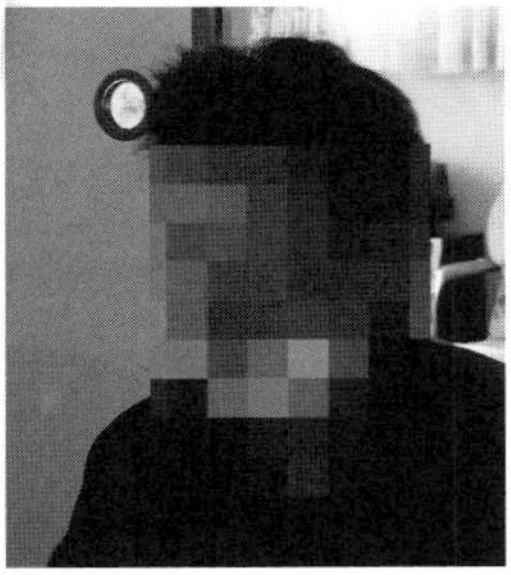

フリガナ	ケー・アール
氏名	K・R
年齢	40代

現住所	愛知県

年	月	当せん歴	等級	当せん金額
2014	12	年末ジャンボ宝くじ	1等前賞	1億円

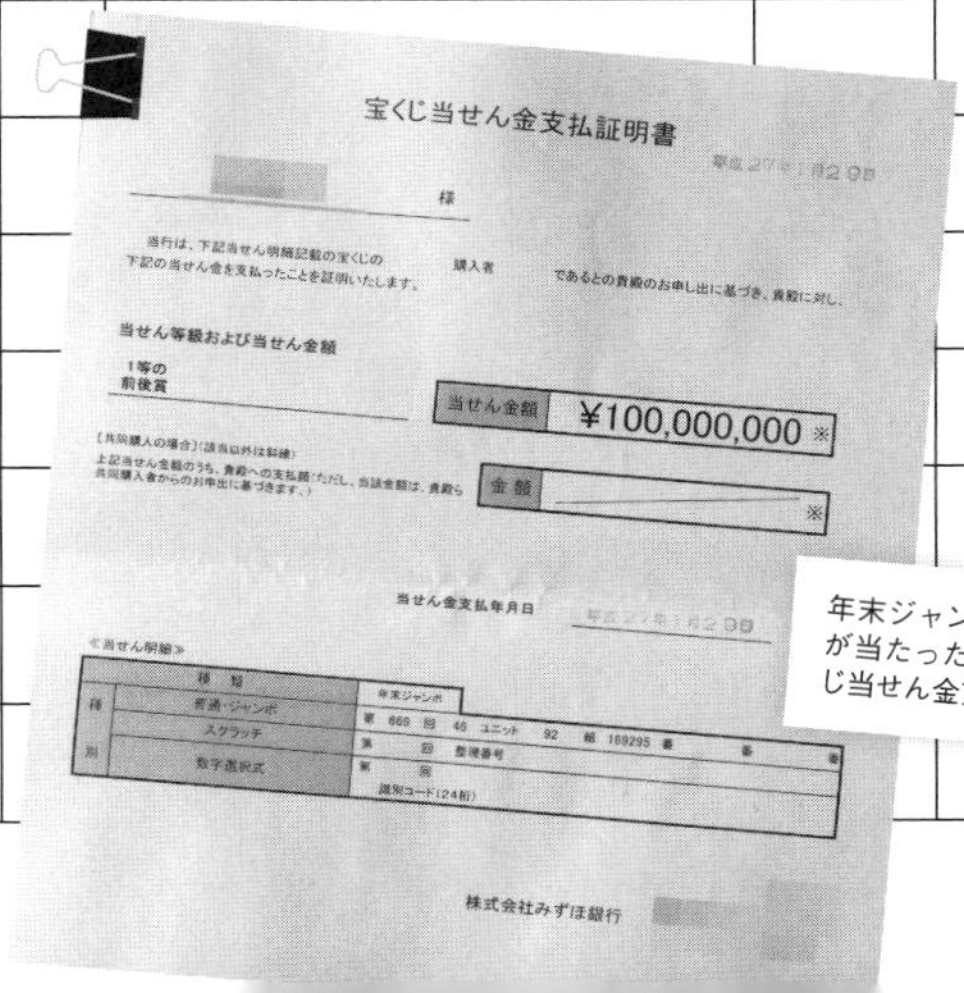

宝くじ当せん金支払証明書

[redacted] 様

当行は、下記当せん明細記載の宝くじの 購入者 であるとの貴殿のお申し出に基づき、貴殿に対し、下記の当せん金を支払ったことを証明いたします。

当せん等級および当せん金額

1等の前後賞

当せん金額 ¥100,000,000 ※

当せん金支払年月日

《当せん明細》

種類 年末ジャンボ

第 669 回 46 ユニット 92 組 169295 番

株式会社みずほ銀行

年末ジャンボ宝くじの前賞1億円が当たったことを証明する「宝くじ当せん金支払証明書」

名古屋駅から東海道本線を豊橋方面の快速に乗って10分余りJR共和駅から徒歩6～7分ほどにあるふじみ酒店
宝くじ 酒 切手
ふじみ酒店
たばこ
ジャンボ宝くじ
何とジャンボ宝くじ1等3本計15億円が出ているお店！
K・Rさんもその一人
２０１４年の年末ジャンボで１等の前賞１億円を当てました！
ドン!!
お店に通いだしたきっかけは女将さんでした
!!
ウチから出る当たりは最終日が多いの不思議よね～

それを聞いてからというもの、最終日に買うことが僕のこだわりになりました
抽せん結果を調べるのが楽しい♪
バラで買うのもこだわりです
2014年年末
宝くじ 酒 切手
ふじや酒店
ジャンボ宝くじ
やベー遅くなってしまった
バラで下さい
あら
もうバラは売り切れちゃったわよ
ガーン
そ
そんな…

ズーン…
……
しょうがないわね…
自分用によけておいたバラを売ってあげるわ
女将さん!!
これがまさかの…
1等の前賞1億円!
うおお　おお!!

ありがとうございました！
よかったわねー
お金は車と時計を買ったくらいで
中古の国産スポーツカー
80万くらいの時計
あとは貯金しています
ジャンボの当せんは神様からのギフトのようなものですから
日頃の行いを見てくれていたんですね！
今でも最終日にこだわって買っていますよ
では！
ガンバレよ〜
きっとまた当たる気がするんですよね

人とのつながりが開運への道。感情線の支線と身内開運線が億万長者へと導いた

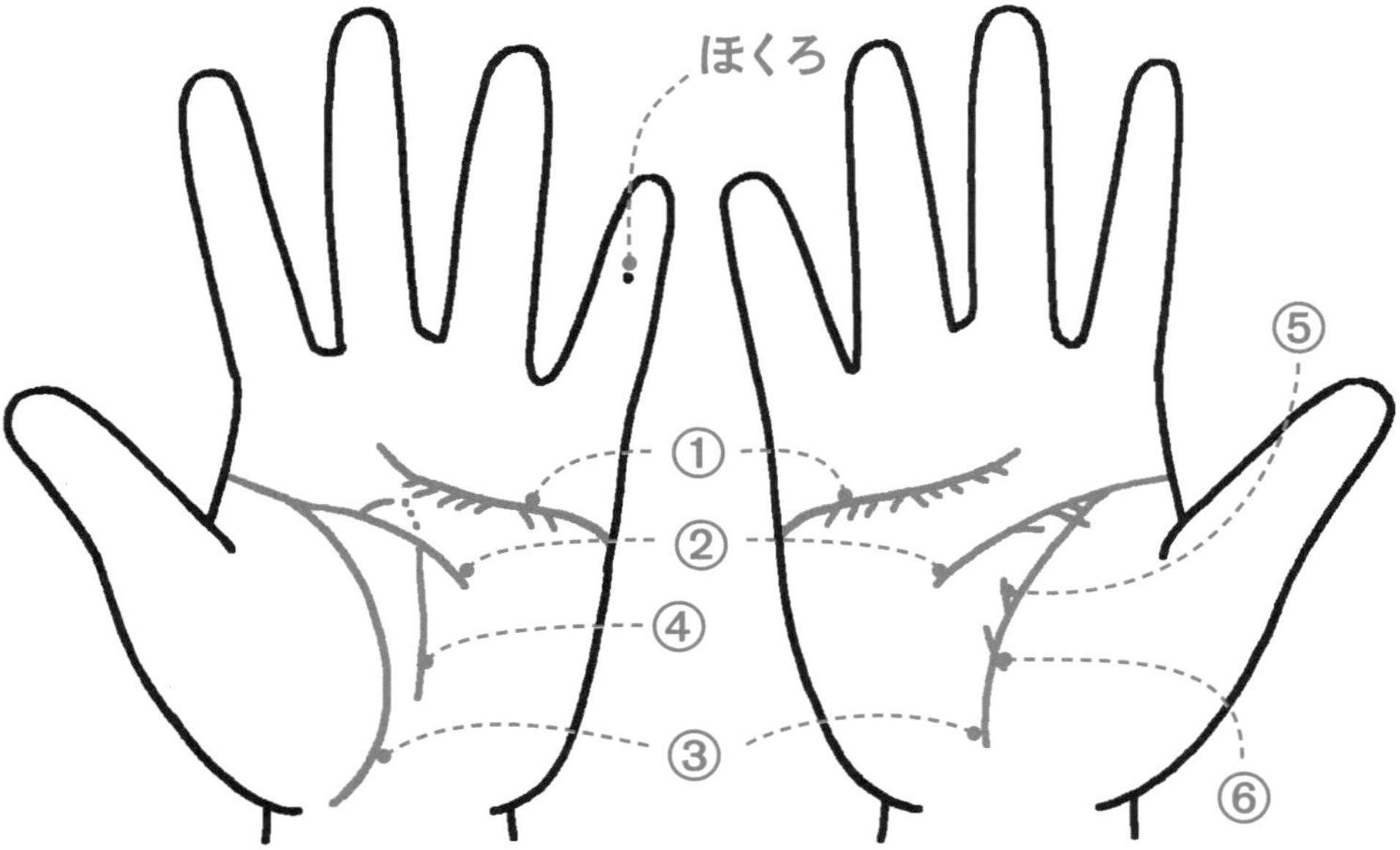

profile 11

①感情線の支線	主となる感情線から出る短い下向きの線	
	>>>	感情線の下に支線がたくさんあるのは涙もろい人情派。店の常連からの縁の当せんも納得
②知能線	親指と人差し指の間から出て、手のひらを横切る線	
	>>>	知能線の枝分かれは、２つの物事を同時並行で進めたり、知的活動ができる人に表れる線。仕事と趣味の両立や仕事を続けながら資格を取ってみたりすると運が開けていく
③生命線	親指と人差し指の間から手首に向かって流れる線	
	>>>	中指から下におろした想定ラインよりも外側に張り出しているため、生命力にあふれる
④運命線	手首から中指に向かって伸びる線	
	>>>	薄く短いため、将来の自分像を描ききれていない、今後の人生で苦労する可能性が。２～３年後に自分が何をしているのか、人生の方向性を見定める必要あり
⑤開運線	生命線や運命線の下から小指に向けて入る線	
	>>>	2019年に目に見える変化や努力をする相
⑥身内開運線	生命線の内側、親指の付け根周辺にある盛り上がった部分（金星丘）から昇る線	
	>>>	家族や身近な人から恩恵を受けて幸せになれる線。K・Rさんが長いお付き合いの女将さんから恩恵を受けたのもこの線から。ただし、この線がある人は困った人を放っておけない性格なので、お金の貸し借りには注意

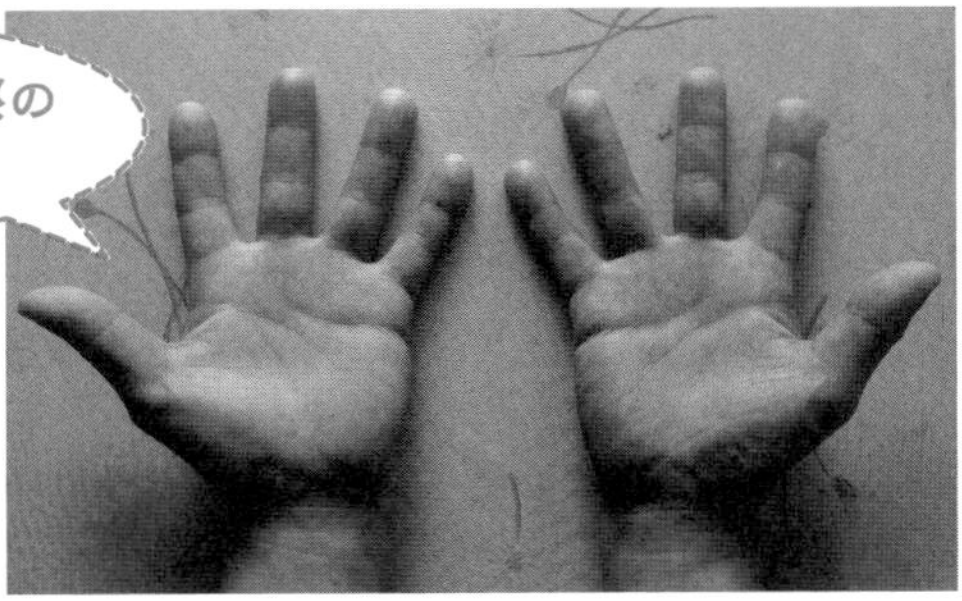

しわの少ない体育会系。ほくろや傷は手相の意味を弱めている

手のひらをじっくり見ていくと、しわが少ないので、体育会系で小さなことにはこだわらない、さっぱりした方だと思われます。加えて、一般的に、手のひらの長さを10とすると、それに対して指の長さは8くらいになるもの。K・Rさんはその比率に対して指が短いので、ドンと構えたリーダータイプなのではないでしょうか。

ただ、手相とは離れますが、手のひらの荒れは運気低迷のサイン。K・Rさんは右手がやや荒れているのが気になります。

また、左手の小指の第1関節にあるほくろにも注目しましょう。手のひらにほくろがある場合、その部分の手相の持つ意味を弱める、もしくは何らかの警告を発しているということになります。特に、K・Rさんのように小指の第1関節にほくろがあると、それは独自でお金を稼ぐ能力が弱いということを示しています。高額当せんしたのは、自分の力以上の稼ぎを宝くじで補てんしてもらったということなのかもしれません。

profile 11

将来のビジョンを見据えて行動を。楽な環境に身を置くと才能が開花しない

K・Rさんは、感情線の下に支線がたくさんあるので涙もろい人情派なのでしょう。人との縁を大切にするので、K・Rさんが常連の酒屋の女将さんとの縁で当せんしたのも納得です。また、感情線が複数刻まれている人は一度こうと決めたことはなかなか曲げないので、K・Rさんが20年間同じ酒屋で買い続けたという話もうなずけます。ただし、楽な環境に身を置くと才能が開かない手相ともいえます。たとえば、仕事が終わった後に資格取得のための学校に通ったりするなど、「大変だけど、とてもやりがいがあること」を続けるといいでしょう。

それによって相乗効果が望めるのが運命線です。特に男性の場合、運命線は社会での満足度や貢献度を表しています。ところが、K・Rさんは運命線が薄く、短いのです。こういった方は「自分がどういうふうになりたい」と将来の自分像を描ききれていないケースが見られます。そういった意味でも将来のために才能を磨くのは一石二鳥と言えそうです。

人の役に立つ仕事や趣味で運気もアップ。開運のヒントは「人のために」

左手の知能線には、枝分かれが見てとれます。知能線の枝分かれは、2つの物事を同時並行で進めたり、知的活動ができる人に表れる線です。K・Rさんの場合、先天的な運を見る左手にはこの枝分かれが見られるのですが、後天的な運を判断する右手の知能線は枝分かれしていません。

つまり、先天的には能力を持っているものの、今の段階ではそれができていないということになります。仕事と趣味をどちらも充実させたり、感情線のところでもお話したように、仕事を続けながら資格を取ってみたりすると運が開けていく可能性があります。

こうして見てみると、K・Rさんは持っている線をまだ使いきれていないことがうかがえますね。今後、運を開いていくためには「私はこんなものだ」と諦めないで、いかに可能性を引き出していくかが重要です。感情線が示しているように義理人情に厚い方ですから、まずは「人のために」がキーワードになるような仕事や趣味を見つけるのもいいと思います。

profile

12 高額を当てた人

ロト6
2等1,656万円

当せんの履歴書

フリガナ	
氏名	カンイチ
年齢	53 歳

現住所
群馬県

年	月	当せん歴	等級	当せん金額
2011	6	第562回ロト6	2等	1,656万2,600円

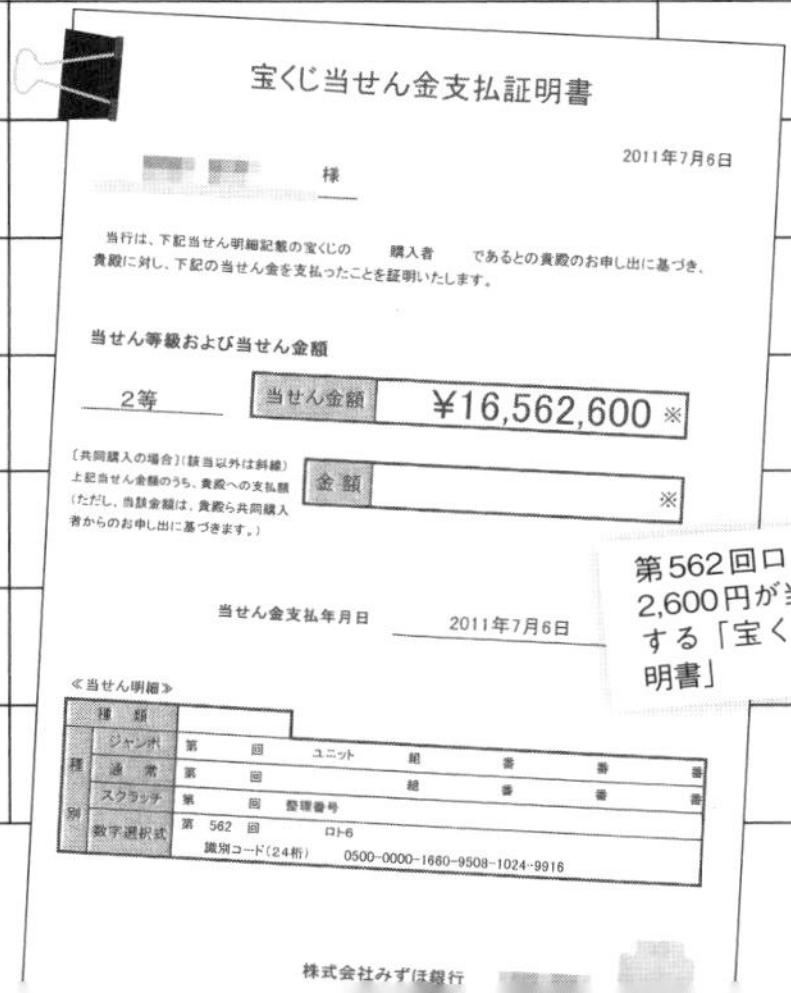

宝くじ当せん金支払証明書

2011年7月6日

様

当行は、下記当せん明細記載の宝くじの　購入者　であるとの貴殿のお申し出に基づき、貴殿に対し、下記の当せん金を支払ったことを証明いたします。

当せん等級および当せん金額

2等　当せん金額　¥16,562,600 ※

〔共同購入の場合〕(該当以外は斜線)
上記当せん金額のうち、貴殿への支払額
(ただし、当該金額は、貴殿ら共同購入者からのお申し出に基づきます。)　金額　※

当せん金支払年月日　2011年7月6日

≪当せん明細≫

種類		
種別	ジャンボ	第　回　ユニット　組　番　番　番
	通常	第　回　組　番　番　番
	スクラッチ	第　回　整理番号
	数字選択式	第　562　回　ロト6 識別コード(24桁)　0500-0000-1660-9508-1024-9916

株式会社みずほ銀行

第562回ロト6・2等1,656万2,600円が当たったことを証明する「宝くじ当せん金支払証明書」

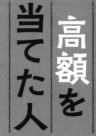

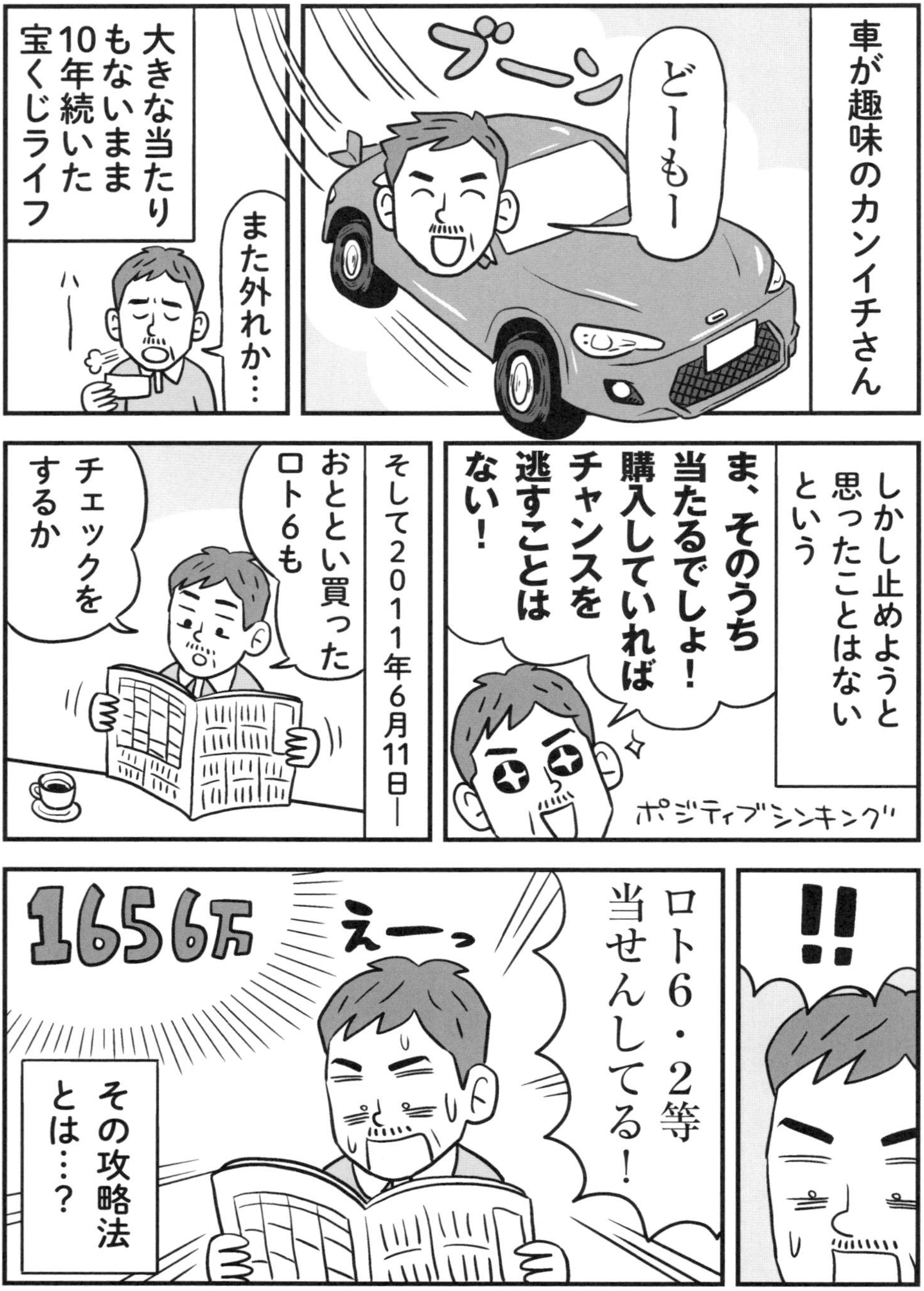
車が趣味のカンイチさん
どーもー
ブーン
大きな当たりもないまま10年続いた宝くじライフ
また外れか…
はーー
しかし止めようと思ったことはないという
ま、そのうち当たるでしょ！購入していればチャンスを逃すことはない！
ポジティブシンキング
そして2011年6月11日——
おととい買ったロト6も
チェックをするか
!!
ロト6・2等当せんしてる！
えーっ
1656万
その攻略法とは…？

ロト6の申込カードの最初の2口は自分で選んだ数字を。そしてど真ん中となる3口目からはクイックピックで買うという方法
LOTO6
A B C D E
ちなみに当せん金の使い道は…
母に100万円ほどのおこづかいを
ありがとね～
後は
車のドレスアップや
白いホイール
ゴルフセットに使いました
ほしいものを手に入れるのが宝くじドリームですよね！
当せん金は使い切っちゃいましたが…
次はロト7を
ワクワク
当てますよ！

冷静沈着で客観的な判断ができ、
二股に分かれる感情線で、
「なんとしても当てる」粘り強さを発揮

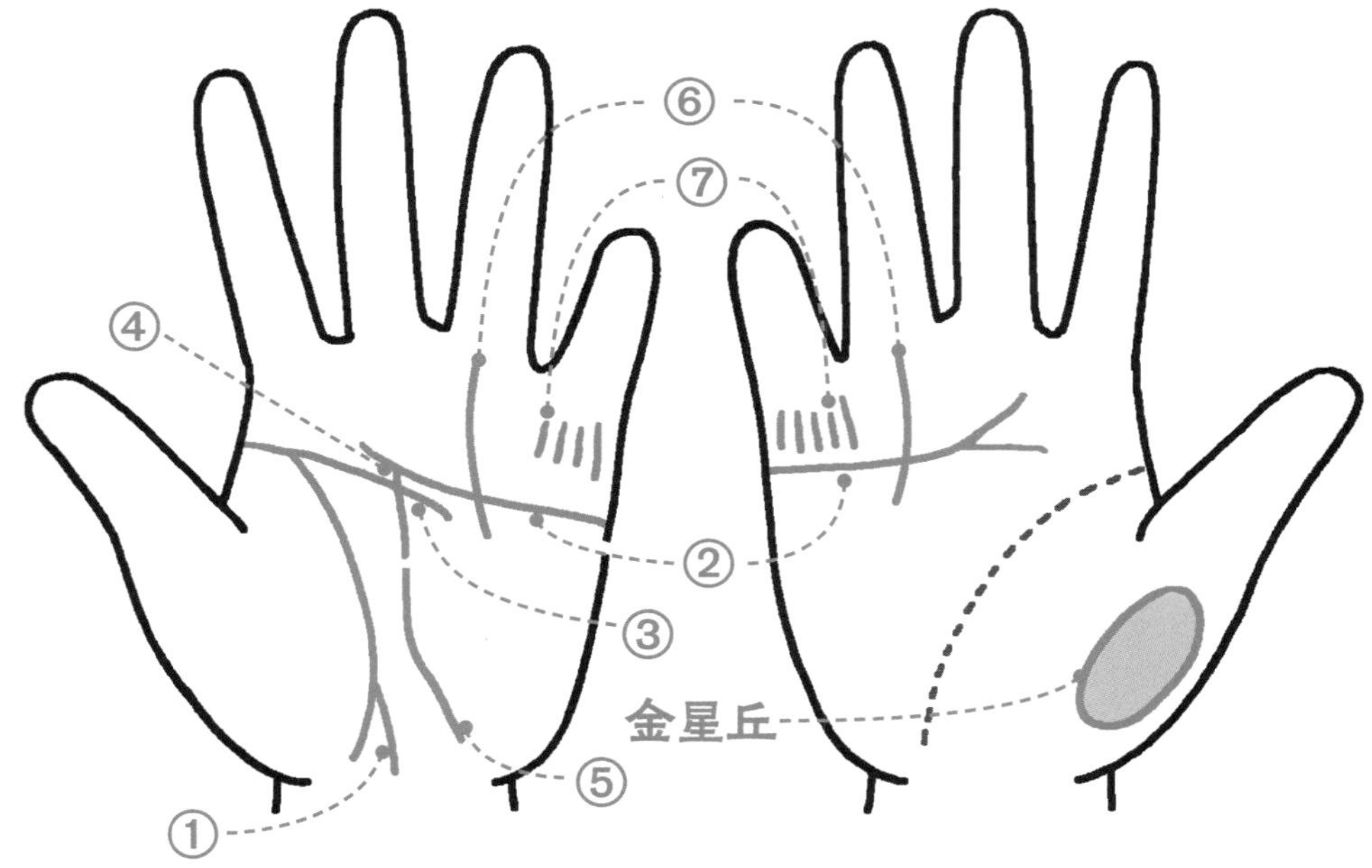

profile 12

①二重生活線
生命線の先端が二股に分かれている線

>>> 2つの活動拠点を行き来することで成功する相

②感情線
小指の下から人差し指に向かう線

>>> 真っすぐな感情線は冷静沈着の傾向。宝くじも「続けていれば、いつかは当たる」とルーティンワークのようにこなし、むやみにかけ金を増やすことはない

③知能線
親指と人差し指の間から出て、手のひらを横切る線

>>> 真っすぐなことから、経済的な基盤がしっかりしていて現実主義。宝くじも資産運用のひとつととらえがち

④感情線と知能線の間が狭い

>>> リアリストで自分を客観的にとらえることが可能。数字に対しても冷静でいられるので宝くじ向き

⑤人気運命線
小指側の手首の上周辺にある盛り上がった部分（月丘）から、中指に向けて昇る線

>>> 他人に甘えるのが苦手なケースが多いが、人に甘えたり頼ったりすると運が開けていく

⑥太陽線
薬指の付け根に昇る縦の線

>>> 千客万来型の太陽線。親しい人や身内などの助けや支援を受けると開運する

⑦散財線
小指の下に縦に細かく刻まれる線

>>> 散財しやすい浪費家タイプ。宝くじ当せん金を使い果たしたのも、この線の影響か

2等を当てたときの当せん券コピー。1口目、2口目は自分で選び、3口目からはクイックピックになっているのがわかる

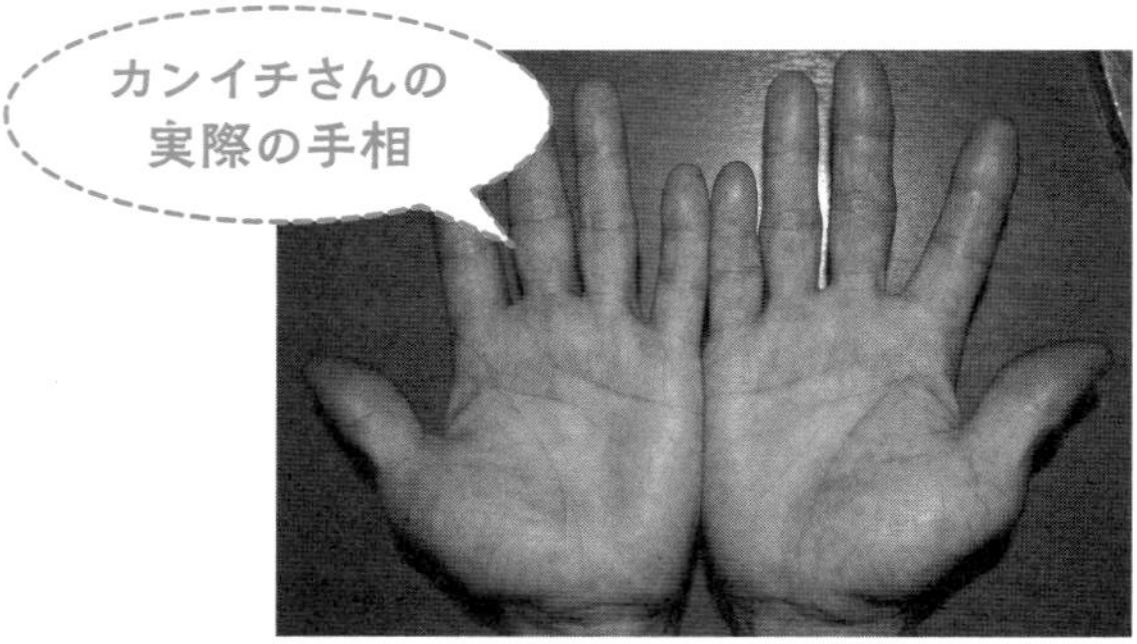

感情線・知能線ともにリアリスト派。宝くじ向きだが、当せん後の無駄使いは注意

真っすぐ刻まれた感情線は、冷静沈着で客観的な判断ができる人の証。また、右手の感情線は二股に分かれています。宝くじに外れても人の2倍「なんとしても当てる！」という気持ちが強く、一度折れてももう1本の感情線の力で立ち直れる粘り強さがあるということです。カンイチさんが10年間当たりなしでもやめようと思わなかったのは、この相によるところでしょう。さらに、金星丘が発達していますから、当てるためのバイタリティにもあふれています。

知能線も真っすぐなことから、経済的な基盤がしっかりしていて現実主義。また、感情線と知能線の間が狭いのもリアリストで自分を客観的にとらえることができる人です。数字に対しても冷静でいられるということですから、宝くじには非常に向いていらっしゃる方だと思います。

一方で、小指の下に散財線があり、浪費しやすいことを示しています。カンイチさんの場合、財運を表す小指の長さも短く、こちらも散財しやすい傾向にあるため、無駄使いには十分注意してほしいところです。

profile

13 高額を当てた人

ロト6
1等804万円

当せんの履歴書

フリガナ	ロクト
氏名	六選人
年齢	42歳

現住所	東京都

年	月	当せん歴	等級	当せん金額
2016	7	第1091回ロト6	1等	804万6,100円

明細票
販売員 10:A
2016/07/26 12:32
<照合結果>
支払金額: ¥0-
あたり枚数 : 1枚
支払枚数 : 0枚
未払枚数 : 1枚
(うち高額) : 1枚
はずれ枚数 : 0枚
<当せん明細>
未払明細
ロト6
1091回号
1等 1口: ¥8,046,100-
申込数字 : 21-22-24-26-28-30
抽せん数字: 21-22-24-26-28-30
ボーナス数字: 38
ロト6
1091回号
5等 1口: ¥1,000-

俗に言う逆転現象で1等と2等の当せん金が"逆転"。1等の当せん者が2等の当せん者よりも多かったときに極まれに起こる現象

※ロト6の1等当せん金は理論値で2億円

そして当せん前日に
実は…毎日宝くじを買ってるんだ
え⁉
彼女
年間でいくらかかると思ってるの⁉
この次の日に1等が当たったんですよ
歌手を目指していたときレッスン教室の先生に…
こういう業界を目指すなら前向きに！
はい…
それ以来ポジティブになったそう
オレは当たる人間だオレは当たる人間だオレは当たる人間だオレは当たる人間だオレは当たる人間だオレは当たる人間だ…
イメージが大事！
過去数回の「逆転現象」に当てはまるなんて…
逆にスゴイ！ラッキーだ！
プラス思考で毎日楽しく！
次は億を取りますよ！

自分の力で知能線を伸ばし、運勢が変化。他力に頼らず、物事を進める努力家

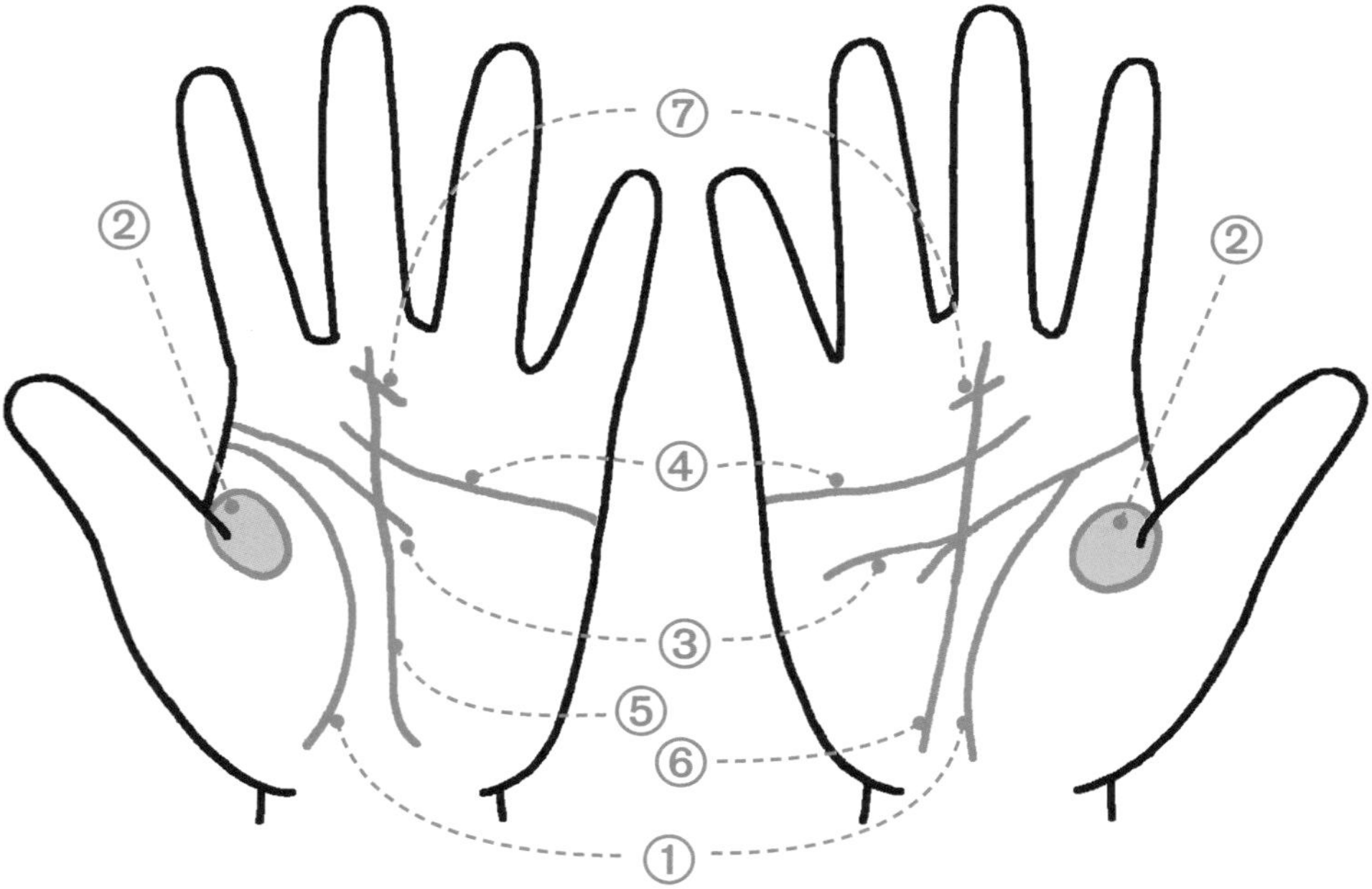

profile 13

①生命線	親指と人差し指の間から手首に向かって流れる線	
	>>>	**左手の生命線は非常に薄くハリがないので、それほど積極性がなく、先天的に内向的な性格**
②第1火星丘	親指の付け根と生命線の始点の間の領域	
	>>>	**内に秘めた負けず嫌い。指をギュッと閉じて手を出す様子からも、慎重な性格であることがわかる**
③知能線	親指と人差し指の間から出て、手のひらを横切る線	
	>>>	**知能線が長いため、データ重視で、研究に没頭するタイプ。宝くじでいえば、数字選択式宝くじ向き**
④感情線	小指の下から人差し指に向かう線	
	>>>	**真っすぐなタイプは非常に冷静な性格、ただし、喜怒哀楽が激しい一面を内に秘めるタイプでもあるため、逆転現象の悔しさは口には出さないものの、人一倍感じている可能性が**
⑤人気運命線	小指側の手首の上周辺にある盛り上がった部分（月丘）から、中指に向けて昇る線	
	>>>	**周りの人を頼ったり、甘えることができれば開運できる人。彼女に打ち明けたとたん当せんしたのは、この線の影響が考えられる**
⑥運命線	手首から中指に向かって伸びる線	
	>>>	**中指の付け根へときれいに伸びた右手の運命線は、今まさに運命が開けてきていることを示す**
⑦二重感情線	感情線の上にもう1本の線が見られること	
	>>>	**追い込まれてから力を発揮する印象。逆転現象が「追い込まれた」ということだとすると、もしかしたらもう一度高額当せんが叶うかもしれない暗示か**

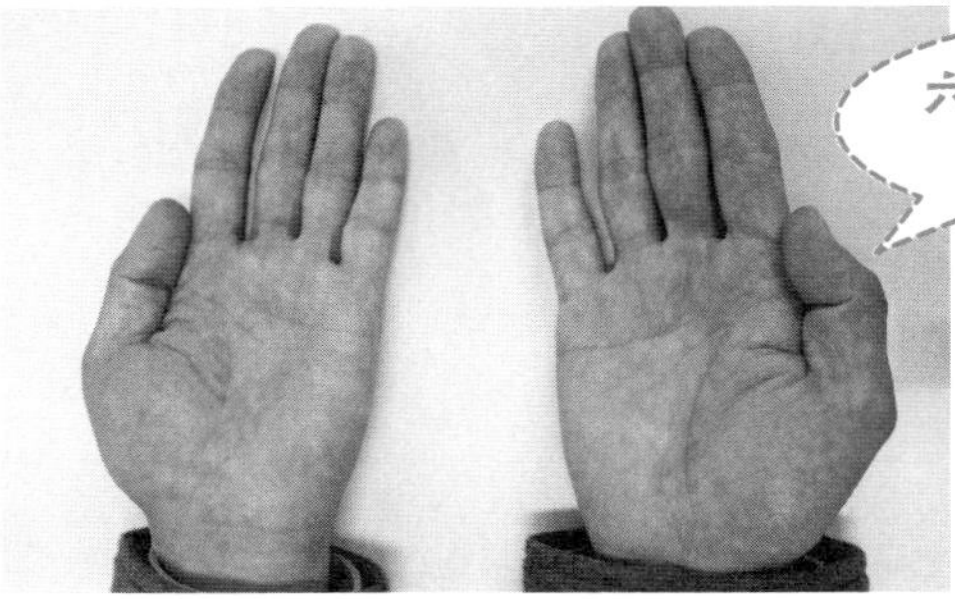

後天的に線が伸びている発展途上の相。他人の力で、今後さらなる運気アップも

六選人さんの左手の知能線は手のひらの中ほどまでしかありませんが、右手はそこからさらに発達しています。左手は先天的な運、右手は後天的な運を示していますから、六選人さんは自分の力で線を伸ばし、運勢を変えてきた方なのでしょう。

運命線も同様で、右手側が中指の付け根へときれいに伸びていますから、今まさに運気が上がってきているのでしょう。この線がある人は、他人を頼ることができれば開運できる反面、人に甘えられない、自分でなんでもやってしまう人が多い傾向にあります。ただ、六選人さんは長年連れ添った彼女に宝くじを毎日買っていることを初めて打ち明けた翌日に当せんしたそうですから、彼女に少しだけ寄りかかったことで運が開けた可能性があります。

「迷惑になるかもしれない」と考え過ぎずに、誰かの手を借りて努力を続ければ、きっとさらなる成功につながっていくでしょう。

profile

14 高額を当てた人

ミニロト
1等2,082万円

当せんの履歴書

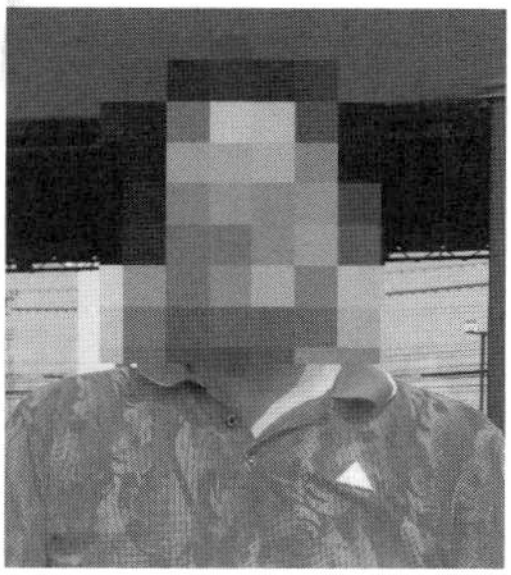

フリガナ	ワイ
氏名	Y
年齢	47歳

現住所	富山県

年	月	当せん歴	等級	当せん金額
2000	7	第54回ミニロト	1等	2,082万2,700円

知人と自分の誕生日を組み合わせた数字で1等当せん。かなり昔のため、当せん券はないが、当時、宝くじ発売元が発行していた新聞「宝ニュース」にも取り上げられた

自分の興味があることを追求することで運が開けるマスカケ線。自分軸で生きると物事がうまく進む

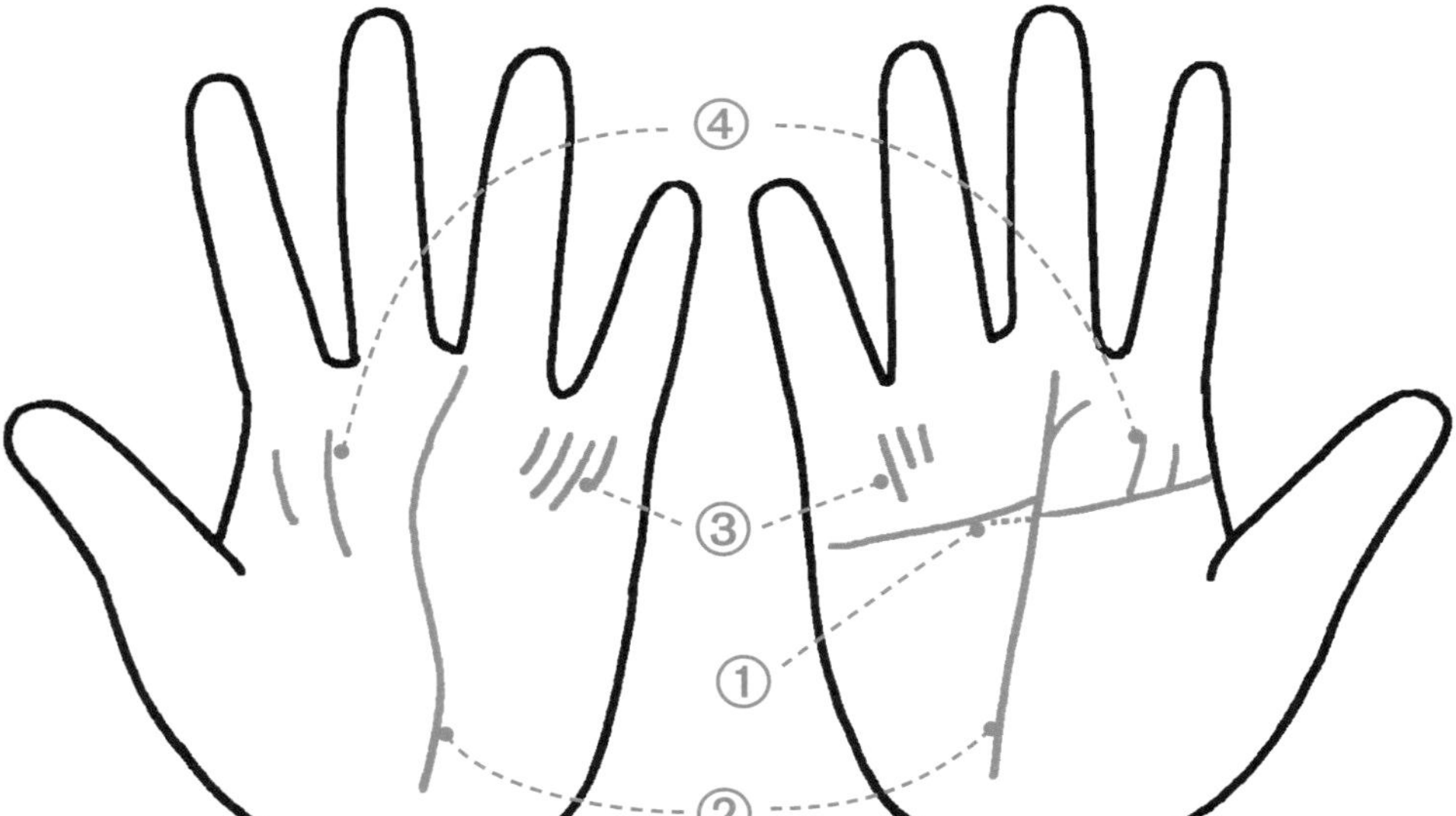

profile 14

①マスカケ線	知能線と感情線が一体になった線	
	>>>	好きなものや興味のあるものを追求する強い力を持っている半面、この相は非常に飽きっぽく追求できるものが見つからず、その特性を活かしきれないことが多い
②運命線	手首から中指に向かって伸びる線	
	>>>	左手はやや薬指側に向かっているのに対し、右手は人差し指へと、向きが逆に入っている。薬指はお金を表す指で、人差し指は名誉。宝くじを始めたきっかけはお金だったとしても、今は高額当せんなどの実績にも意欲的になっている可能性も
③散財線	小指の下に縦に細かく刻まれる線	
	>>>	文字どおり、散財しやすい相。当せん金は飲み代としてパーッと使ったとのことなので、この相ならではのエピソード
④向上線	生命線上から人差し指へ伸びる線	
	>>>	困難なことにも立ち向かっていける相

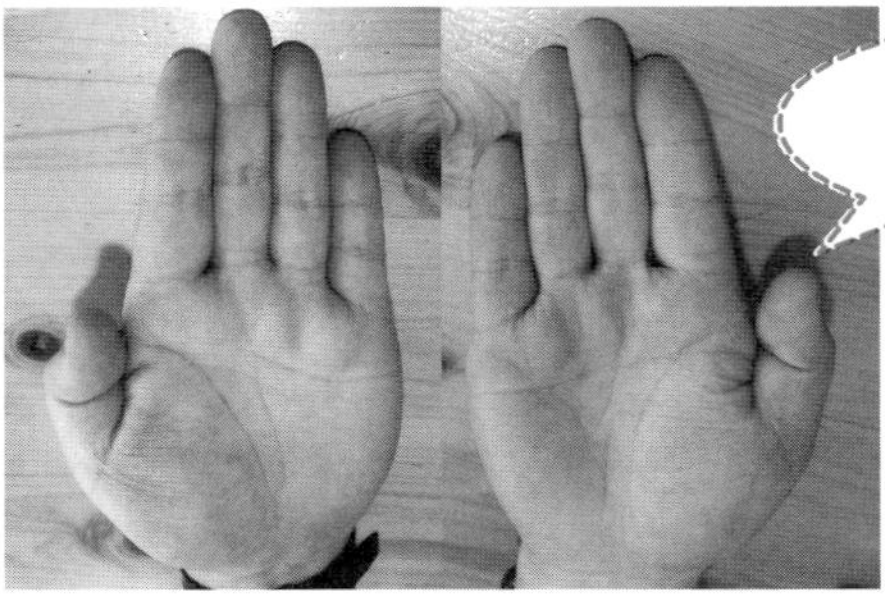

自分の価値観を基本に置くと吉。マスカケ線の強運と向上線でさらなる飛躍を

Yさんはかなりの車好きで、これまで30台以上乗ってきたという車マニアとのこと。これはまさに、興味のあることにはマニアレベルでのめり込むというマスカケ線の影響ですね。また、なかなか手に入らないものを狙うと熱中するタイプですから、宝くじでも大きく当てたいと願うのは当然のことです。

もともとYさんが宝くじを買い始めたきっかけが、ナンバーズ3よりもナンバーズ4で大きく当てたいと、ストレート狙いをしている話も、結果、ナンバーズよりも高額のミニロトで当せんしているのも、このマスカケ線を見れば納得です。加えて、マスカケ線の人は自分軸で生きることが重要。親や子供など、誰かのために生きるのではなく、自分の価値観を基本に置きましょう。自分の基準を持つようにすると、どんなことでもうまく進むようになりますよ。

さらに困難に立ち向かえる向上線もお持ちですから、もともとやる気になったら力を発揮するタイプですので、ぜひマスカケ線の強運と合わせて大当たりを引き寄せてくださいね。

profile

15

高額を当てた人

立春スーパーくじ 1等4,000万円

当せんの履歴書

フリガナ	イシダ　ノブナガ
氏名	石田 信長
年齢	88 歳

現住所	岡山県

年	月	当せん歴	等級	当せん金額
1989	2	立春スーパーくじ	1等	4,000万円

買うのは発売初日がいいと知ったばかりの仕事帰りに、発売初日、バラ30枚を大阪の梅田地下街で購入。宝くじを買い続けて30年を経た末の快挙だった

運気が強い証である縦線が指まで及び、知能線を3本持つ、非常に珍しい相

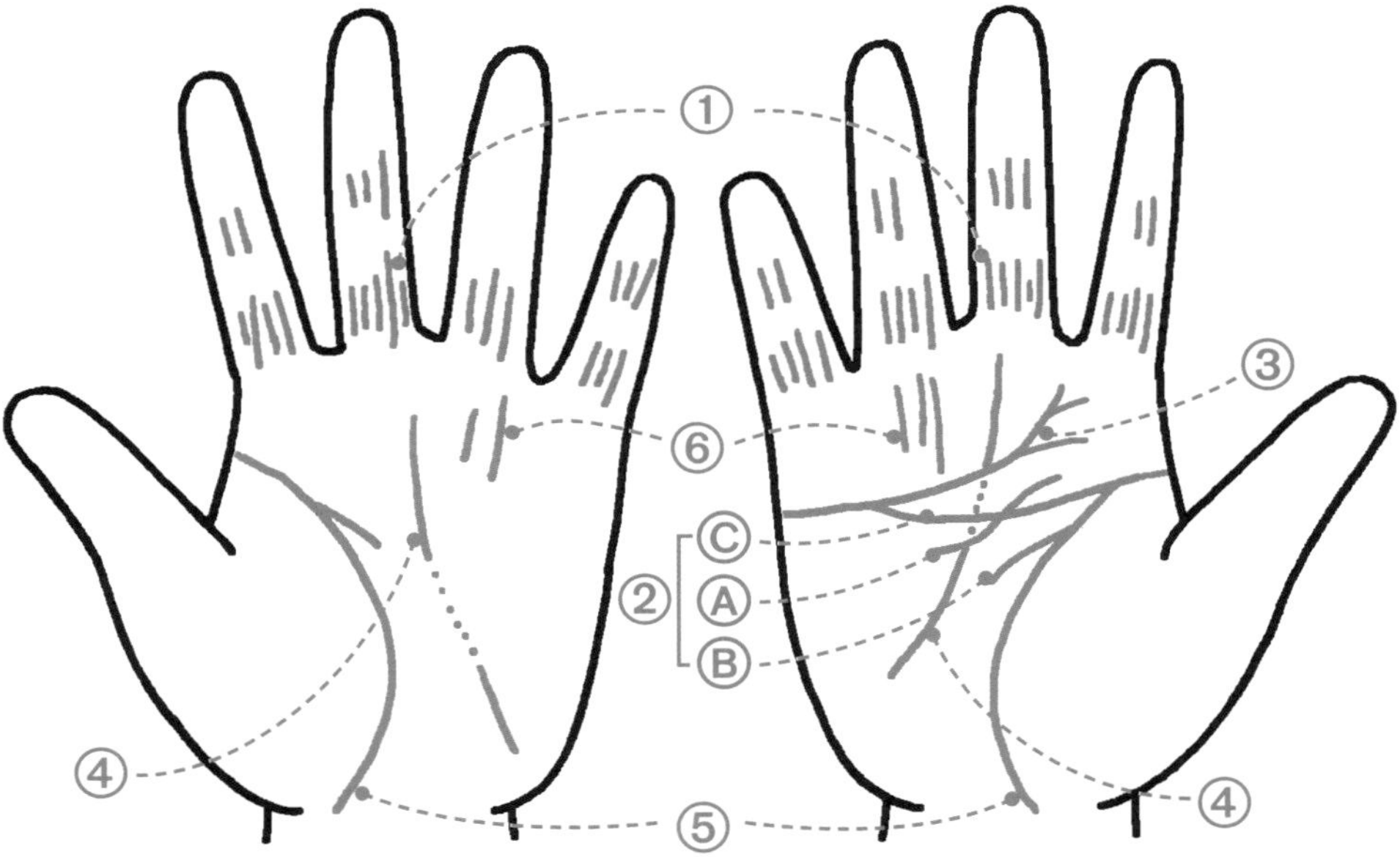

profile 15

①指の縦線	>>>	縦線は運気の強い証拠。手に納まらなかった運気が指にまであふれてきたために、指にも縦線が入っている
②知能線		親指と人差し指の間から出て、手のひらを横切る線
	>>>	通常は1本だが、石田さんの場合、知能線と生命線の起点が離れた離れ型(Ⓐ)、くっついている（Ⓑ)、手のひらを横断するマスカケ線（Ⓒ）の3本を右手に持つ
③感情線		小指の下から人差し指に向かう線
	>>>	右手の感情線が複数枝分かれして、人差し指の根本に向かう。これは人の何倍も野心、希望、向上心が強いことを示す
④運命線		手首から中指に向かって伸びる線
	>>>	運命線の濃淡が感情線と交わる箇所＝宝くじが当たった年と一致
⑤生命線		親指と人差し指の間から手首に向かって流れる線
	>>>	末端が親指の根元、手首あたりまで回り込む長い生命線。88歳の長寿であることも納得できるもの
⑥太陽線		薬指の付け根に昇る縦の線
	>>>	億万長者の相といわれる逆末広がりの太陽線。強運の持ち主

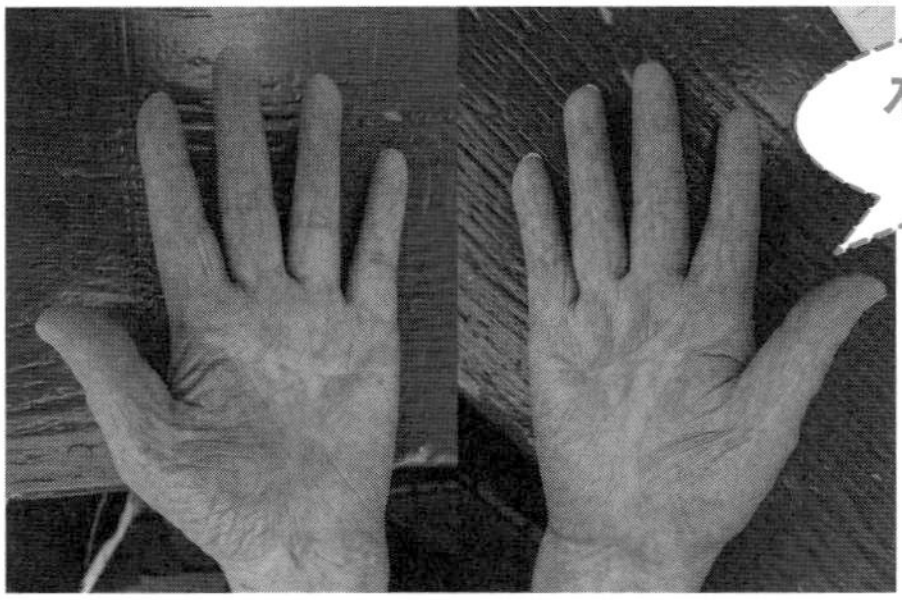

好きでいる限り、宝くじは続けて。3本の知能線で臨機応変に立ち回れる

とにかく珍しいのが右手の知能線。前のページでも示したとおり、3本存在しています。知能線が3本もありますから、人の3倍の才能を持っていて、頭が切れる方とお見受けします。

特に、Ⓐの離れ型知能線は女性に多く、男性は超レア。Ⓐを持つ人は大胆なタイプが多く、Ⓑなら慎重と実は真逆な性質がありますが、そのスイッチを自分でも無意識のうちに自然に切り替えられるタイプです。普段の生活でいえば、宝くじを買うときは大きくつぎ込む性格でありながら、仕事ではとても慎重になるといったこともあるかもしれませんね。

残るⒸのマスカケ線は、好きなことにのめり込むことで力を発揮できる相です。たとえ、流行っている物事でも興味がないことは絶対にやらない半面、夢中になったときの執着心は人一倍。石田さんはもう60年ほどジャンボ宝くじを買い続けているそうですが、それを好きでいる限り、今後もずっと続けていくといいでしょう。

4章

宝くじと手相

宝くじを何回も当てた人、億を当てた人の手相からわかる「強運手相」の共通点。そして、より強運手相に近づける運の引き寄せアクションのコツを伝授！

宝くじ当せん者は手相に合うやり方を無意識に導き出している！

ここまで、宝くじ当せん者のみなさんの手相を見てきました。ご自分の手相と比べて、いかがですか？　同じ線や似通った線、あるいは異なった線はあるでしょうか。

人によっては、滅多にお目にかかれないレアな開運線をお持ちの方もいましたが、「この線さえあれば当たる」という唯一の線というものはありませんでした。ただ傾向としては、当せん者のみなさんはそれぞれの手相に合った宝くじの買い方をされているのだろうと感じています。

たとえば、知能線が短く直感思考型のタイプの人はジャンボ宝くじのような普通くじ、それとは逆に知能線が発達、もしくは横へ長く伸びている人はじっくりと思考するタイプなので、ロトなどの数字選択式宝くじを選んで買っているという具合です。きっと、みなさんは自分に向いている方法を無意識の中で選んでいるからこそ、宝くじで何回も当たる、億が当たるという大きな幸運をつかんだのでしょう。

ですから、高額当せんをした人のような手相ではないから当たらないんだと悲観する必要はありません。これまでお話してきたように、手相はその人の生き方を映す鏡のようなもの。まずはじっくりと自分の手相を見て、その長所と短所を受け入れることが大切なのです。

より強運手相に近づけるには運を引き寄せるアクションを

自分の手相を知ったら、それぞれに合うやり方を導き出して、それにしたがって実践すれば自ずと運気もよくなっていくでしょう。しかし、それまで続けていた購入方法や攻略法ではうまくいかなくなるときが、いつか来るかもしれません。もしスランプに陥ってしまったら、やり方を工夫してみるのがおすすめ。例を挙げると、新しいくじの話をテレビでよく見かける、全く異なる3人と偶然宝くじの話になったということがあったとしたら、テレビで見た、あるいは話題に上った宝くじを購入してみるのもいいでしょう。きっかけを大切にして波に乗るのが肝心です。

コラムでご紹介してきたように、強運手相の線を金色のペンで書き足すのも有効です。特に太陽線はズバリ金運が上がる線ですから、18ページを参考に線を書き足してみてください。

また、実際に高額当せんしたみなさんの中には、「当てる!」という強い意志のもと、宝くじを買ったら当たったという人も少なくありませんでした。ですから、運を開くために手相を書き足すのに加え、望みや願いを言い切ることも大切です。「当たったらいいな」ではなく、たとえば「5年のうちにロトで1億円を当てる!」とはっきりしたビジョンを描くことで、何をすべきなのか具体的に見えてくると思います。

未来の自分がわかるのが手相。自分の持ち味を活かして行動を

ここまで強運手相のポイントについてお話してきました。ここからは手相のトレンドについて少し触れておきたいと思います。

今、新型コロナウイルスの流行という大きなうねりのなかで、息苦しさや不安を抱えている人も多いでしょう。手相も個人の生き方で常に変化するものですから、時代に大きな動きがあれば、手相のトレンドにも影響が出ると思われるかもしれません。しかし答えはＮＯです。

手相はそもそも未来を見据えたもの。コロナが流行る前から貧富の差が拡大し、経済が二極化していくことはわかっていました。

例えを挙げると、数年前から女性が商才線を持つことや知能線から昇る運命線を持つことが手相のトレンドとなっていたんです。そこからわかるのは、女性も商才を活かしてお金を稼ぐ時代、いかに自分の才能を発揮できるかどうかがその後の人生を左右する時代がまもなく到来することを、手相が暗示していたということ。

これまで私が「知能線＝金運」とお伝えしてきたポイントはここにあります。知能線の長さや流れに即した知的活動がお金に直結することが手相のトレンドでも明らかなのです。お金を得る手段のひとつである宝くじもこの流れを受けることが予想されます。

資産運用のひとつとして宝くじの存在が挙げられる

知的活動でお金を稼ぐ重要性が高まるにつれ、趣味のひとつと考えられてきた宝くじの存在価値も今後変わってくるのではないかと私は考えています。

具体的にいうと、ロトやナンバーズのように、自分で数字を選んで買う、数字の膨大なデータや攻略法を編み出すなど頭を使ってロジカルに考える宝くじがより好まれていくのではないでしょうか。運要素の強いジャンボ宝くじでも、高額当せんが出た売り場を調べてから購入する、高額当せんをした人の行動で真似できることを取り入れてから買いに出かける、といった具合に耳よりなネタをあらかじめ仕入れて行動するといった情報戦がますます注目されるようになるかもしれません。

また、感情線が短く飽きっぽい性質を持つ人が毎日売り場へ出かけてコツコツと宝くじを買うというのはなかなかハードルが高いもの。面倒臭さが勝って買うのを止めてしまえば、当たるチャンスも永遠に失われてしまいます。その点、インターネットであれば、家にいながら好きなときに買えるので、飽き性の手相の方が選ぶ買い方として向いていると言えそうです。宝くじの買い方が多様化してきているのも、この宝くじの存在価値の変化による影響のひとつかもしれませんね。

「風の時代」の到来。これからはより「情報」重視の時代へ！

コロナ禍でライフスタイルの変容を実感する昨今ですが、実は大きな変革の時代に入ったのをご存じでしょうか。約２００年続いた「地の時代」が終わり、２０２０年12月22日より「風の時代」に入りました。具体的には、「地」——現実や、土地、物質、所有、安定、組織が重要視された時代が終わり、「風」——想像、情報、コミュニケーション、知性、自己、自由、個人が重視される時代に突入。実際、コロナ禍というトリガーにより、テレワークの推進といった変革がすでに始まっていま す。この流れは、今後ますます加速していくと思われます。

２０１８年からご縁をいただき、たくさんの宝くじ当せん者の手相を拝見させていただきました。購入し続ける努力、攻略法を考える努力、信念を貫く努力、不運に打ち勝つ努力——当せんされるまでには、さまざまな努力があったことでしょう。「風の時代」はこれら先人の努力の積み重ねが、より情報として可視化される時代。大当たりまでの過程も、刻まれている相の活かし方も、高額当せんへの「情報」です。

時代の流れをいち早く掴んだ者が富を得るのは、これまでの歴史が証明しています。次なる高額当せん者が、本書をお手に取り、「情報」というバトンを受け取った皆様であることを願っています。

column 4

買わなければ当たらない！
コツコツ感情線とロジカル知能線の書き方

最後に「とにかく当たりたい！」という人向けのシンプルな開運アドバイスをお伝えしましょう。これは短所を補うやり方です。2種類ありますので、どちらの悩みに自分が当てはまるかを判断してから実践してくださいね。

Aタイプ……なかなか当たらないとすぐに諦めてしまう

6億円当せん者の唱田さん（97ページ〜）のように、右手の感情線の先端を枝分かれさせてみましょう。この線がある人はちょっとやそっとじゃへこたれない、タフさを持つ人。何度もトライできる粘り強さを得られるでしょう。

Bタイプ……当たりハズレに敏感で感情的になりすぎてしまう

宝くじで一喜一憂してしまいがちな人なら、3回も高額当せんを果たしたRZさん（19ページ〜）のように真っすぐな知能線を書き足しましょう。この線がある人は淡々とクールに物事を進められる人。ハズレでも気持ちをスッと切り替えることができるでしょう。

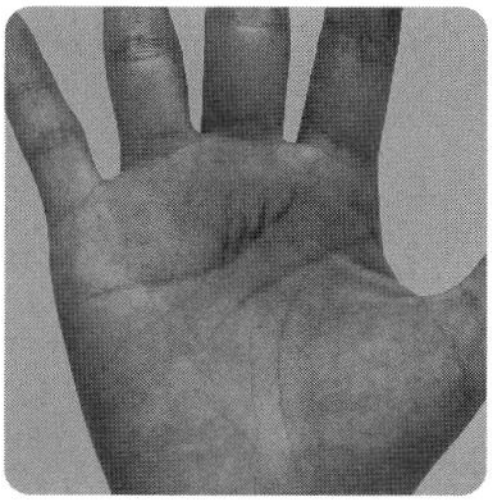

A
枝分かれした分だけ、タフさが増すため、じっくりと狙っていきたいなら4本ほど書き入れるのがおすすめ

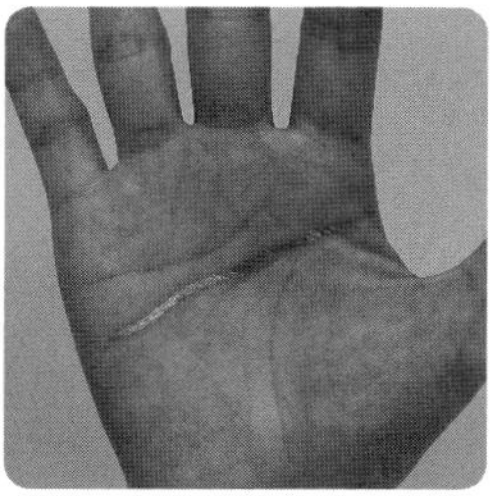

B
金色のペンで手のひらを横切るようにまっすぐに書き入れましょう

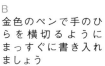

装丁・本文デザイン／柴田和孝
本文DTP／マイセンス
マンガ／シライカズアキ
手相イラスト／しんざきゆき
校正／東京出版サービスセンター
編集担当／松本千鶴（主婦の友インフォス）

※本書は『宝くじ当せん者の手相　「強運」は作れる！』（2019年刊行）の内容に、大幅な追加取材および加筆、修正を加えたものです。

宝《たから》くじを何《なん》回《かい》も当《あ》てた人《ひと》、億《おく》を当《あ》てた人《ひと》の手《て》相《そう》

2021年10月20日　第1刷発行
2021年12月20日　第2刷発行

著　者　けんたろう
発行者　廣島順二
発行所　株式会社主婦の友インフォス
〒101-0052　東京都千代田区神田小川町3-3
電話　03-3294-0236（編集）
発売元　株式会社主婦の友社
〒141-0021　東京都品川区上大崎3-1-1目黒セントラルスクエア
電話　03-5280-7551（販売）
印刷所　大日本印刷株式会社

ISBN978-4-07-448545-1